科索沃地区刑法典

汤海军　徐留成　译

中国人民公安大学出版社
·北　京·

图书在版编目（CIP）数据

科索沃地区刑法典/汤海军，徐留成译．—北京：中国人民公安大学出版社，2011.1

ISBN 978-7-5653-0256-5

Ⅰ.①科… Ⅱ.①汤…②徐… Ⅲ.①刑法—法典—南斯拉夫 Ⅳ.①D954.34

中国版本图书馆 CIP 数据核字（2010）第 244965 号

科索沃地区刑法典

汤海军 徐留成 译

出版发行：中国人民公安大学出版社
地 址：北京市西城区木樨地南里
邮政编码：100038
经 销：新华书店
印 刷：北京泰锐印刷有限责任公司

版 次：2011 年 1 月第 1 版
印 次：2011 年 1 月第 1 次
印 张：5.125
开 本：880 毫米×1230 毫米 1/32
字 数：119 千字
印 数：1～3000 册

书 号：ISBN 978-7-5653-0256-5
定 价：20.00 元

网 址：www.cppsup.com.cn www.porclub.com.cn
电子邮箱：zbs@cppsup.com zbs@cppsu.edu.cn

营销中心电话：010-83903254
读者服务部电话（门市）：010-83903257
警官读者俱乐部电话（网购、邮购）：010-83903253
法律图书分社电话：010-83905745

译者前言

首先，应当郑重声明：科索沃（Kosovo）是个地区还是一个独立的国家，国际上尚未达成共识。目前，包括我国在内的许多国家对科索沃没有明确承认其为独立的国家。因此，本书以《科索沃地区刑法典》命名，而未纳入北京师范大学刑事法律科学研究院《外国刑法典系列丛书》，以免引起争端。

科索沃地区，原是塞尔维亚共和国西南部的一个自治省，南部与阿尔巴尼亚和马其顿毗邻。面积大约有 10887 平方公里，行政中心普里什蒂纳。科索沃地区有 200 多万居民，其中 90% 以上是阿尔巴尼亚族人，其余是塞尔维亚族、黑山族和马其顿族人等。历史上，科索沃地区古为伊利里亚人和色雷斯人地域，后来成为罗马帝国的一部分。公元 6 世纪末 7 世纪初时，古斯拉夫人（即现在的塞尔维亚族、马其顿族等民族的前身）开始从北方向该地迁徙，并向南渗透到今阿尔巴尼亚、希腊等地区。而 14 世纪中叶，随着奥斯曼帝国的大规模入侵，并于 1389 年的科索沃战役中击溃塞尔维亚人（实际该战役的结果现在尚有争议）。之后科索沃地区渐渐成为奥斯曼帝国的一部分。科索沃地区最终于 1912 年，第一次巴尔干战争结束时由奥斯曼帝国划归塞尔维亚。之后塞尔维亚于 1918 年加入塞尔维亚人、克罗地亚人和斯洛文尼亚人王国（即后来的南斯拉夫王国）。第二次世界大战期间，轴心国占领了南斯拉夫，科索沃地区并入了由意大利所控制的阿尔巴尼亚。战争期间，大量塞尔维亚族人被阿尔巴尼亚族武装驱逐出科索沃地区。战争结束后，科索沃地区重归南斯拉夫所有。1989 年，塞尔维亚公投改宪，大大缩小了科索沃、伏伊伏丁那二自治省的自治权力，阿尔巴尼亚族人强烈抗议并宣布建立独立的科索沃共和国。1998 年 3 月，南斯拉夫军队开始协助塞尔维亚警察，进行大规模军事行动。1999 年 3 月 24 日，北大西洋公约组织开始轰炸塞尔维亚，科索沃战争打响。战后，阿尔巴尼亚族人大量重返家园，但大量塞尔维亚族难民则不愿回到科索沃地区。战争结束后，科索沃地区改由北约管辖，后来北约将管辖权交予联合国。部分西方国家如美国支持科索沃独立建国，美国前总统布什在 2007 年访问阿尔巴尼亚时便公开表示此一立场；然而俄罗斯与塞尔维亚并不认同。科索沃总理哈辛·塔奇于 2008 年 2 月 17 日，宣布科索沃地区脱离塞尔维亚独立，并由国会通过独立宣言。然而，塞尔维亚政府宣布决不放弃科索沃地区的主权，准备采取多项制裁措施，但保证绝不使用武力阻止科索沃地区的独立。塞尔维亚之盟邦俄罗斯也坚持反对该独立行动，联合国为此召开安全理事会紧急会议，但并未达成共识。事实上，关于科索沃地区的归属问题，塞尔维亚族和阿尔巴尼亚族各有各的说法。塞尔维亚视科索沃地区为塞尔维亚民族的发祥地和文化摇篮，因为，塞尔维亚在 12 世纪就在这里建立了自己最强盛的国家，而阿尔巴尼亚族人只是在奥斯曼帝国入侵和塞军败退北方后才大量迁入的。阿尔巴尼亚族人则坚持认为，公元前 4 ~ 5 世纪在科索沃地区居住的原始部落伊利里亚人是阿尔巴尼亚族人的祖先，因此，科索沃地区自古以来就是阿尔巴尼亚族的领土。这样，科索沃地区的阿尔巴尼亚族要求真正的自治独立，而塞尔维亚人又不会轻易舍弃他们十分珍爱的“故土”。故此，科索沃地区这颗巴尔干的“定时炸弹”时刻存在着爆炸危险！

科索沃地区刑法典系由联合国科索沃临时行政当局特派团(United Nations Interim Administration Mission in Kosovo；UNMIK简称“联科特派团”，是由联合国根据1999年6月10日联合国安理会1244号决议成立，并授权派驻科索沃的临时行政机关。)制定并于2003年7月6日颁布，于2004年4月6日生效。该法典虽承袭了前南斯拉夫及塞尔维亚刑法典的基本特征，但也暗含了联合国科索沃临时行政当局特派团及阿尔巴尼亚民族些许色彩。例如，该法典第356条规定：“本法典英语、阿尔巴尼亚语和塞尔维亚语三个语言版本具有同等法律效力。如有冲突，以英语版本为准。”因此，科索沃地区刑法典可以视为联合国科索沃临时行政当局特派团官方所主导的，以前南斯拉夫及塞尔维亚刑法典为主干，适当糅合阿尔巴尼亚民族生活气息的一部临时过渡型而又特色鲜明的现代刑法典。科索沃地区刑法典的主要内容为：

1. 刑法典的体系

科索沃地区刑法典分为总则和分则两大部分。总则包括以下十二章：第一章“一般条款”；第二章“刑事犯罪和刑事责任”；第三章“刑罚”；第四章“司法警告”；第五章“强制治疗措施”；第六章“刑罚执行的一般条款”；第七章“没收犯罪所得物质利益”；第八章“复权和透漏犯罪记录信息”；第九章“时效”；第十章“大赦和赦免”；第十一章“科索沃地区刑法典的适用范围”；第十二章“本法典中术语的含义”。分则包括以下十八章：第十三章“针对科索沃及其居民的犯罪”；第十四章“违反国际法罪”；第十五章“侵害生命、身体的刑事犯罪”；第十六章“侵犯个人自由和权利的刑事犯罪”；第十七章“侵犯劳动关系权利的刑事犯罪”；第十八章“侵犯荣誉和名誉的刑事犯罪”；第十九章“侵犯性完整刑事犯罪”；第二十章“侵犯婚姻和家庭的刑事犯罪”；第二十一章“侵犯公共健康的刑事犯罪”；第二十二章“侵犯经济的刑事犯罪”；第二十三章“侵犯财产的刑事犯罪”；第二十四章“侵犯环境、动物、植物和文物的刑事犯罪”；第二十五章“侵犯人身财产普遍安全的刑事犯罪”；第二十六章“侵犯公共交通安全的刑事犯罪”；第二十七章“侵犯司法管理的刑事犯罪”；第二十八章“侵犯公共秩序和合法交易的刑事犯罪”；第二十九章“侵犯官方职责的刑事犯罪”；第三十章“过渡和最终条款”。科索沃地区刑法典部分章下设节，节下设条，条下设款，款下设项。

2. 刑法典的基本原则

（1）罪刑法定原则。科索沃地区刑法典第 1 条第 1 款规定：“刑事犯罪、刑事处分和强制措施只能由法律规定。”（2）对犯罪人有利原则。科索沃地区刑法典第 2 条第 2 款规定：“若判决生效前，法律有所变化，则应适用最有利于犯罪人的法律。”（3）刑罚适当原则。科索沃地区刑法典第 4 条规定：“在刑事制裁和强制措施实施中，犯罪人某种权利所受到的剥夺或限制应当和该种制裁及措施的性质和内容相一致，并且应当以充分尊重犯罪人的个性和人格尊严以及符合国际法原则之方式实施。”

3. 刑事犯罪的概念

科索沃地区刑法典规定了犯罪的概念。其第 6 条规定：“刑事犯罪是法律规定的不法行为，法律应明确其特征，并且对其规定相应的刑事制裁以及强制处罚措施。”并在第 7 条规定：“若某一行为是情节显著轻微行为，则即使其符合法律规定的犯罪特征也不能认为是刑事犯罪。当由于行为本身的性质或严重性没有造成危害后果或没有造成严重危害后果、行为实施的环境、犯罪人较低程度的刑事责任以及行为人的个人环境等因素引起的危险不大，或情节轻微、犯罪人刑事责任较轻、或存在某些个人情况时则该行为应视为显著轻微行为。”可见，科索沃地区刑法典所规定的犯罪概念属于混合概念，和我国刑法颇为相似。

4. 责任主义原则

科索沃地区刑法典明确规定了责任主义原则。第 11 条第 1 款规定：“被认定为犯有某罪，且犯罪时心智健全的人应负刑事责任。出于故意或过失而犯罪的，均可被认定为有罪。”第 11 条第 3 款规定：“过失犯罪，法律有规定的才负刑事责任。”

5. 刑事责任能力

（1）刑事责任年龄。科索沃地区刑法典第 11 条第 2 款规定：“犯罪时若不满 14 岁则不负刑事责任。”而且还特意规定了心智丧失以及心智减弱时对刑事责任的相关减免的特殊情况。（2）精神病人的刑事责任能力。科索沃地区刑法典第 11 条第 1 款规定：“被认定为犯有某罪，且犯罪时心智健全的人应负刑事责任。出于故意或过失而犯罪的，均可被认定为有罪。”第 12 条第 1 款规定：“由于遭受永久或暂时的精神疾病、精神紊乱或影响其精神功能的精神发展中的干扰以致不能辨认或控制其作为或不作为，或者不能认识其行为性质，进而实施犯罪行为的，是心智丧失。”第 12 条第 2 款规定：“由于存在本条第 1 款之原因而使其辨认其作为或不作为的能力减弱，进而实施犯罪的，是心智减弱。其应负刑事责任，但法庭在决定刑罚或强制措施的期限和种类时应当考虑上述情况。”

6. 正当化事由

科索沃地区刑法典规定了正当防卫、紧急避险两种正当化事由，并且分别规定了防卫过当以及避险过当的刑事责任。

7. 错误

科索沃地区刑法典规定了事实错误、法律错误以及其相应之处理原则。例如，第 18 条第 1 款规定："若行为人在实施侵害行为时没有认识到其行为的性质，或者错误地相信存在某种允许实施该行为的特殊情况，而事实上该种情况并不存在，则其不应当负刑事责任。"而第 19 条第 1 款则规定："若行为人确实不知或不可能知道其行为已被法律明文禁止时，则其不应当负刑事责任。"

8. 犯罪未完成形态

科索沃地区刑法典规定了犯罪未遂和犯罪中止两种犯罪未完成形态。（1）犯罪未遂。科索沃地区刑法典第 20 条第 1 款规定："任何人故意采取即刻行为而实施犯罪，但却未能完成该行为的，或者故意实施的犯罪的要件没有完成，为犯罪未遂。"第 20 条第 2 款规定："若行为人所犯之罪依照法律可能会被宣告为 3 年以上监禁或更为严厉的惩罚，则对其犯罪未遂行为应当给予刑罚处罚；对于其他犯罪之未遂，仅在法律有明确规定之情况下才能予以处罚。"第 20 条第 3 款规定："根据本法第 65 条第 2 款之规定，对于犯罪未遂者应当比较犯罪人从宽处罚。"可见，科索沃地区刑法典对犯罪未遂的处罚范围有明确的限制，并且对未遂犯的从宽处罚采用了"必减主义"。（2）犯罪中止。科索沃地区刑法典第 22 条第 1 款规定："若行为人自动中止了其已经开始实施的犯罪，尽管其意识到依据当时所处有条件能够继续实施该犯罪行为，或者在完成该犯罪行为后其阻止危害结果发生的，则法庭可以免除该行为人应受犯罪未遂的处罚。"另外，科索沃地区刑法典第 22 条第 2 款还规定了中止行为独立成罪的特殊处罚条款：

“在本条第1款规定的情形中，若行为人的某些行为业已独立成罪，则对该行为应予刑事处罚。”

9. 共同犯罪

科索沃地区刑法典中的共同犯罪包括共同正犯、从犯以及教唆犯。科索沃地区刑法典第23条是共同犯罪的基本条款，该条规定：“当两人或两人以上通过直接参与或以任何其他方式提供实质帮助从而共同实施犯罪的，则每个参加人都要因此而承受该种犯罪所规定的刑罚。”第24条及第25条分别规定了从犯及教唆犯的概念。并在第27条规定了共同正犯、从犯、教唆犯的刑事责任以及其处罚限制。

10. 对通过公共媒介所犯之罪之刑事责任的特别条款

科索沃地区刑法典第28条规定了如果犯罪是通过在报纸或其他类期刊、广播、电视等媒体上发布信息而实施的情况下，主编、出版者、印刷者和制造者所应承担的相应刑事责任。

11. 犯罪方式、时间及地点

科索沃地区刑法典第31条第1款规定：“犯罪实施方式可以有作为和不作为两种方式”。第32条规定：“犯罪时间系犯罪人实施作为或不作为行为之时间，与后果之发生时间无关。”第33条第1款规定：“犯罪地点系犯罪人实施作为或不作为行为之地点，以及犯罪后果产生之地点。”

12. 刑罚的目的及种类

科索沃地区刑法典第34条规定：“刑罚的目的包括：预防犯罪人重新犯罪并对其进行矫正，以及教育他人不犯罪。”第35条规定：“刑罚的种类包括主刑、刑罚替代措施和附加刑。”其中，主刑包括长期监禁刑、监禁刑以及罚金刑。在主刑中，长期监禁刑应当是科索沃地区刑法典中一个非常独具特色之处。其适用对象为故意实施的最为严重的犯罪，或者是其性质特别严重或是引起了特别严重后果。其监禁期限为21年至40年。毫无疑问，长期监禁刑是最好的死刑代替措施，也正因为如此，科索沃地区刑法典中没有设置死刑。而刑罚替代措施则包括：缓刑和半自由刑。附加刑的种类比较多，如剥夺被选举权；禁止行使公共管理或公共服务职能；禁止从事某种职业、活动或义务；禁止驾驶机动车辆；没收驾驶执照；对物没收；责令公布判决以及将外国人驱逐出科索沃地区境内等都是常用的附加刑。

13. 司法警告的目的及其适用

科索沃地区刑法典第74条规定：“司法警告的目的是考虑罪行和犯罪人有关的所有因素后，认为警告足以达到惩罚的目的而给予犯罪人的一种处分。”第75条第2款规定：“司法警告可以处罚那些应处1年以下监禁或者罚金处罚的犯罪，这些犯罪都是在导致犯罪特别轻微的减轻情形下实施的。”第75条第3款规定：“司法警告可根据法律规定的条件处罚某些特定犯罪，甚至包括应判3年监禁的犯罪。”第75条第4款规定：“当每一犯罪均符合本条第2款、第3款的规定的条件时，法庭可以对同时实施的一个以上的犯罪判处司法警告。”第75条第5款规定：“当决定是否判决司法警告时，法庭应当特别考虑司法警告的目的、犯罪人犯罪后的表现、刑事责任的程度、实施犯罪的其他情节和犯罪人参加治疗进程的自愿性。”

14. 强制治疗措施

科索沃地区刑法典第76条规定了针对心理不健全或精神能力减弱的犯罪人的强制心理治疗措施的特殊条款，并在第77条第1款规定了对吸毒或嗜酒者的强制恢复治疗，即：“如果法庭对犯罪人进行了判罚、司法警告或者免除处罚，并且法庭认为引发犯罪的首要因素是因为吸毒或嗜酒，并有希望治疗成功，则法庭可以命令受酒精或毒品影响而实施犯罪人在卫生保健机构强制接受恢复治疗。在卫生保健机构中接受治疗的时间应当计算在服刑期内。”

15. 复权

科索沃地区刑法典中存在着法律复权和法庭复权两种复权方式。第 87 条第 1 款规定：“一旦经过法律复权，应当撤销罪犯的受刑记录，并且此人不应当视为有罪。”并且规定了法律复权的法定期限。而第 88 条则规定了在某些法定情况下，应罪犯的请求，法庭可以决定消除其刑罚记录，认为该人没有犯罪。在决定消除刑罚时，法庭应当考虑到罪犯服刑后的表现、犯罪性质及其他有利于消除惩罚记录的重要评估因素。

16. 公开犯罪记录信息

科索沃地区刑法典就犯罪记录公开制度作了相应规定。第 89 条第 1 款规定：“犯罪记录应当包含以下信息：罪犯的个人资料、处罚信息、司法警告、对犯罪人判处的强制治疗措施或免除处罚、输入犯罪记录的定罪信息变更、服刑信息及撤销误判信息等。”第 89 条第 2 款规定：“犯罪记录中，仅能透露与未被消除的定罪有关的信息，并且只能提供给针对以前已被定罪人进行的刑事诉讼有关的法庭、公共检察官办公室和警方，以及负责刑事裁决执行的主管机关或同意大赦、赦免或撤销判决程序中涉及的主管机关。”第 89 条第 5 款规定：“任何人都无权要求他人提供其有关是否曾经被定罪的信息。”

17. 刑罚消灭制度

（1）时效制度。科索沃地区刑法典第 90 条第 1 款规定：“除非本法另有规定，经过下列期限后不得提起刑事起诉：1. 应判长期监禁刑犯罪的，经35年之后；2. 应判10年以上监禁刑犯罪的，经15年之后；3. 应判5年以上监禁刑犯罪的，经10年之后；4. 应判3年以上监禁刑犯罪的，经5年之后；5. 应受1年以上监禁刑犯罪的，经3年之后；6. 应判最高达1年以下监禁刑或罚金犯罪的，经2年之后。”第90条第2款规定：“对于某一犯罪行为法律规定了一种以上的刑罚时，对刑事起诉的时效应当依据最严重处罚来决定。”（2）赦免制度。科索沃地区刑法典中存在两种赦免制度，即特赦和大赦。其中，第96条第1款规定：“被大赦的人可以被免于刑事起诉，部分或全部免除刑罚执行，或以较轻刑罚代替或撤销刑罚。”而第97条则规定：“通过特赦的方法，可以对专门指定的名单中的人免于刑事起诉，部分或全部免除刑罚执行，以较轻刑罚代替或撤销刑罚。”

囿于篇幅，科索沃地区刑法典中具体刑法制度并未予以完全列举，广大读者应当能够从刑法典正文中发现更多端倪，并对此作进一步之细致研究。由于我们翻译水平有限，不足之处还望刑法学界同仁多多斧正。

译者于2010年10月

目 录

总 则

第一章 一般条款

第 1 条 罪刑法定原则

一、刑事犯罪、刑事处分和强制措施只能由法律规定。

二、如果在实施行为之前，法律未规定该行为为犯罪并规定了刑事裁决和强制措施，则不能对行为人因为其行为而加以刑事裁决或强制措施。

三、刑事犯罪的界定应当予以严格解释。若意义不明确，则应当对刑事犯罪的界定作出有利于被调查人、被起诉人的解释。

第 2 条 适用最有利的法律

一、对犯罪人应当适用犯罪时正在生效的法律。

二、若判决生效前，法律有所变化，则应适用最有利于犯罪人的法律。

三、若新法认为行为不构成犯罪，而行为人依前法已被定罪，则所判处之刑罚不再执行，若刑罚已经开始执行，则应予停止。

四、一部明确在特定时期生效的法律，应该适用于其生效期间所发生的犯罪，即使该法律现在不再有效，但法律另有规定除外。

第3条　刑事制裁和强制措施

一、刑事制裁包括：

1. 主刑；

2. 选择刑；

3. 附加刑；以及

4. 司法告诫。

二、强制措施包括：

1. 对于精神不健全的行为人的强制精神治疗；

2. 对于精神减弱的行为人的强制精神治疗；以及

3. 对于吸毒和酗酒者的强制恢复治疗。

第4条　对刑事制裁和强制措施的限制

在刑事制裁和强制措施实施中，犯罪人某种权利所受到的剥夺或限制应当和该种制裁及措施的性质和内容相一致，并且应当以充分尊重犯罪人的个性和人格尊严以及符合国际法原则之方式实施。

第5条　本法总则的适用范围

本法总则之规定适用于在依照科索沃法律所规定的所有刑事犯罪。

第二章 刑事犯罪和刑事责任

第 6 条 刑事犯罪

刑事犯罪是法律规定的不法行为，法律应明确其特征，并且对其规定相应的刑事制裁以及强制处罚措施。

第 7 条 显著轻微行为

若某一行为是情节显著轻微行为，则即使其符合法律规定的犯罪特征也不能认为是刑事犯罪。当由于行为本身的性质或严重性没有造成危害后果或没有造成严重危害后果、行为实施的环境、犯罪人较低程度的刑事责任以及行为人的个人环境等因素引起的危险不大，或情节轻微、犯罪人刑事责任较轻，或存在某些个人情况时则该行为应视为显著轻微行为。

第 8 条 正当防卫

一、正当防卫实施的行为不是刑事犯罪。

二、当一个人为了避免自己或他人遭受某种现实的、紧急的和不法的侵害而实施的某种与侵害危险程度相当的行为属于正当防卫。

三、如果该行为造成的危险程度大于侵害所造成的危险程度应视为防卫过当。

四、行为人的行为超过防卫必要限度时可以减轻处罚。若行为人的防卫过当行为是由于遭受侵害引起的巨大精神创伤或恐惧而引起的，则可对其免除处罚。

第9条　紧急避险

一、紧急避险行为不是刑事犯罪。

二、若行为实施之目的是为了避免自己或他人遭受某种即将发生的、无缘无故的危险，而且用其他方法又不能避免危害后果，且行为所造成的危害不大于该种危险所能造成之危害的，则该种行为是紧急避险。

三、若犯罪人由于疏忽造成了危险，或者其行为超过紧急避险限度时，则可对其减轻处罚。若犯罪人之行为虽超过必要限度，但存在某种特殊的宽缓情节，则对犯罪人的处罚也可免除。

四、因履行义务而招致危险的，则不可实行紧急避险。

第10条　上级命令

一、当犯罪人依照政府或上级命令而实施犯罪行为时，除非存在下列情况，否则其刑事责任不应予以减免：

1. 该人具有法定义务服从政府或上级命令；

2. 该人不知道命令是非法的；

3. 该命令不是明显违法的。

二、实施种族灭绝或其他反人类的命令是明显违法的。

第11条　刑事责任

一、被认定为犯有某罪，且犯罪时心智健全的人应负刑事责任。出于故意或过失而犯罪的，均可被认定为有罪。

二、犯罪时若不满14岁则不负刑事责任。

三、过失犯罪，法律有规定的才负刑事责任。

第12条　心智丧失及心智减弱

一、由于遭受永久或暂时的精神疾病、精神紊乱或影响其精神功能的精神发展中的干扰以致不能辨认或控制其作为或不作为，或者不能认识其行为性质，进而实施犯罪行为的，是心智丧失。

二、由于存在本条第1款之原因而使其辨认其作为或不作为的能力减弱，进而实施犯罪的，是心智减弱。其应负刑事责任，但法庭在决定刑罚或强制措施的期限和种类时应当考虑上述情况。

第13条　醉酒状态下的犯罪

行为人如果因为使用酒精、麻醉药品，或者通过其他方式导致自己不能辨认其作为或不作为的重要性或者不能控制自己行为的状态，或者不是故意而导致自己出现此种状态进而实施某种作为或不作为，或者如果其对于刑事犯罪是疏忽的并且法律对这种疏忽犯罪规定了刑事责任的，则行为人应当负刑事责任。

第14条　因果关系

若一个人的作为或不作为与后果之间没有因果关系，或者没有实现后果的可能性，则该人不负刑事责任。

第15条　犯罪故意

一、直接故意或未必故意①均可构成刑事犯罪。

二、行为人意识到自己行为的性质却有意实施该行为，为直接故意。

三、行为人预见到其作为或不作为会导致某种禁止后果，而行为人同意（认可）该后果的发生，为未必故意。

第16条　犯罪过失

一、有意过失或无意过失均可构成刑事犯罪。

二、行为人意识到其作为或不作为导致某种禁止后果的发生却自信不会发生或者即使发生本人也能阻止，为过于自信的

① 也可译为“结果不确定故意”。

过失。

三、行为人未能意识到其作为或不作为会导致某种禁止后果的发生，虽然依据当时的环境和行为人的特点其本来应当和可能认识到此种可能性，为疏忽大意的过失。

第 17 条　更加严重犯罪后果的刑事责任

若犯罪行为造成了更加严重的犯罪后果，且法律为此规定了更加严厉的刑罚，即便行为人对此后果出于过失的心态，也有可能因此而遭受更加严厉的刑事处罚。

第 18 条　事实错误

一、若行为人在实施侵害行为时没有认识到其行为的性质，或者错误地相信存在某种允许实施该行为的特殊情况，而事实上该种情况并不存在，则其不应当负刑事责任。

二、若行为人的错误是由于过失造成的，并且法律规定了该过失行为的法律责任，则行为人应当对其出于过失实施的犯罪行为承担刑事责任。

第 19 条　法律错误

一、若行为人确实不知或不可能知道其行为已被法律明文禁止时，则其不应当负刑事责任。

二、若该错误是可以避免的，则行为人负刑事责任但可从宽处理。

三、当每个人，包括行为人本人，本应容易地知道某行为是非法，或者当行为人本人基于其职业、身份或业务，其应当知道适当条款时，则该行为是可以避免的法律错误。

第 20 条　犯罪未遂

一、任何人故意采取即刻行为而实施犯罪，但却未能完成该行为的，或者故意实施的犯罪的要件没有完成，为犯罪未遂。

二、若行为人所犯之罪依照法律可能会被宣告为 3 年以上监禁或更为严厉的惩罚，则对其犯罪未遂行为应当给予刑罚处罚；对于其他犯罪之未遂，仅在法律有明确规定之情况下才能予以处罚。

三、根据本法第 65 条第 2 款之规定，对于犯罪未遂者应当比较犯罪人从宽处罚。

第 21 条　不能犯未遂

对于手段不能犯或对象不能犯之犯罪未遂，法庭可以对其免除刑事处罚。

第 22 条　犯罪中止

一、若行为人自动中止了其已经开始实施的犯罪，尽管其意识到依据当时所处的条件能够继续实施该犯罪行为，或者在完成该犯罪行为后其阻止危害结果发生的，则法庭可以免除该行为人应受犯罪未遂的处罚。

二、在本条第 1 款规定的情形中，若行为人的某些行为业已独立成罪，则对该行为应予刑事处罚。

共同犯罪

第 23 条　共　　犯

当两人或两人以上通过直接参与或以任何其他方式提供实质帮助从而共同实施犯罪的，则每个参加人都要因此而承受该种犯罪所规定的刑罚。

第 24 条　教　　唆

任何人故意教唆他人犯罪，若该犯罪在其影响下得以实施，则应以其所教唆之罪而给予刑事处罚。

第25条　从　犯

一、任何人帮助他人实施犯罪，应当依据本法第65条第2款之规定进行处罚。

二、帮助实施犯罪包括对如何实施犯罪提供建议或指导，为犯罪人提供犯罪工具，清除犯罪障碍，或者事先承诺隐藏犯罪证据、犯罪人身份、犯罪工具以及犯罪所得利益等。

第26条　犯罪团伙

一、凡声明或暗示同意与一人或多人参与实施或教唆实施5年以上监禁刑期的犯罪行为，并为这种参与犯罪团伙的承诺采取了预备行为的，应当依据本法第65条第2款之规定进行处罚。

二、根据本条第1款的规定应负刑事责任的，如有下列情形，法庭可以减轻或免除对该人的处罚：

1. 自愿放弃协议；

2. 自愿采取行动阻止犯罪团伙的持续存在或者阻止该犯罪团伙实施与其目标一致的犯罪；

3. 在能够阻止所预谋犯罪的情况下向警方揭发协议内容。

第27条　共犯的刑事责任和处罚之限制

一、共同正犯不论是出于故意或过失均应承担刑事责任，而唆使或协助他人实施刑事犯罪的从犯只有出于故意才承担刑事责任。

二、如果自愿防止了犯罪的实施，法庭应当免除对共同主犯、唆使或者协助犯罪的从犯的处罚。

对通过公共媒介所犯之罪之刑事责任的特别条款

第28条　主编、出版者、印刷者和制造者的刑事责任

一、如果犯罪是通过在报纸或其他类期刊、广播、电视等媒体上发布信息而实施的，则信息的作者承担刑事责任。

二、责任主编或信息发布时其替代者在下列情形下应当承担刑事责任：

1. 作者无法找到或者无法在科索沃法庭审判；

2. 信息是在作者不知情或者违背其意愿的情况下发布的。

三、依照本条第2款之规定应当承担刑事责任的主编或信息在报纸或其他杂志发布时，其职责替代者无法找到或不能在科索沃法庭审判的，该报纸或其他杂志的出版者应当承担刑事责任。

四、当依照本条第2款之规定应由出版者承担刑事责任，但由于法律或事实障碍无法对出版者进行处罚时，如果印刷者知道这种法律或事实障碍存在的，则印刷者应当承担刑事责任。

五、若依照本条第2款之规定应当由主编或信息以磁带、胶卷、幻灯片、照片或其他音像设施等方式向大众媒体、公众或多数人传播的，其职责替代者无法找到或无法在科索沃法庭审判时，则生产者应当承担刑事责任。

六、当依照本条规定应当由出版者、印刷者或生产者承担刑事责任而上述出版者、印刷者或生产者是法人或公共团体的，则印刷或生产活动的责任者应当承担刑事责任。

七、如果发表的信息是对公共法人的会议或公职人员声明的准确报告的，则本条所提到的上述人员均不负刑事责任。

第29条　信息资源保护

一、参与信息发布的专业人员或媒体编辑、董事会的人员及其助手拒绝透漏出版物的作者或信息来源不负刑事责任。

二、本条第1款所提到的人员如果被法庭查出有下列情形，则应承担刑事责任：

1. 信息的透漏对于阻止足以构成重大生命威胁或身体完整的

袭击是必要的；

2. 信息的透漏对于阻止刑期为至少 3 年的犯罪或本法第 196 条、第 203 条、第 340 条、第 343 条或第 344 条所规定之犯罪是必要的。

第 30 条　刑事责任一般条款的适用

本法第 28 条、第 29 条所指行为人之有关刑事责任的规定，只有在其根据本法规定之刑事责任的一般条款不承担刑事责任的情形下才可适用。

第 31 条　犯罪实施方式

一、犯罪实施方式可以有作为和不作为两种方式。

二、仅当行为人具有实施的法律义务却没有实施时构成不作为犯罪。

第 32 条　犯罪时间

犯罪时间系犯罪人实施作为或不作为行为之时间，与后果之发生时间无关。

第 33 条　犯罪地点

一、犯罪地点系犯罪人实施作为或不作为行为之地点，以及犯罪后果产生之地点。

二、犯罪未遂之实施地点为犯罪行为所在地点，以及犯罪人所意图之危害结果发生地点。

第三章 刑 罚

第 34 条 刑罚的目的

刑罚的目的包括：

1. 预防犯罪人重新犯罪并对其进行矫正；以及

2. 教育他人不犯罪。

第 35 条 刑罚的种类

刑罚的种类包括主刑、刑罚替代措施和附加刑。

主 刑

第 36 条 主 刑

主刑包括：

1. 长期监禁刑；

2. 监禁刑；以及

3. 罚金刑。

第 37 条 长期监禁刑

一、对于故意实施的最为严重的犯罪，无论是性质特别严重还是引起了特别严重后果，法律均可以设定长期监禁刑。

二、长期监禁刑的监禁期限为 21 年至 40 年。

三、长期监禁刑不得设置为特殊犯罪的唯一主刑。

四、若判处长期监禁刑，只有在服完 3/4 的监禁刑期后方可假释。

第 38 条　监禁刑

一、监禁刑不得少于 15 天或超过 20 年。

二、监禁刑的刑期应当以整年或整月为单位。若刑期不超过 6 个月，应以整天为单位。

三、若法庭宣告的监禁刑期不超过 3 个月，则可以裁定以罚金来代替或者在征得犯罪人同意的情况下代之以社区劳动。

第 39 条　罚金刑

一、罚金刑不应低于 50 欧元，也不应超过 2. 5 万欧元。若犯罪的目的是为了获得物质利益则应不超过 5 万欧元。

二、判决应当明确支付罚金的最后期限，一般不少于 15 日或超过 3 个月。在有合理理由的情况下，法庭允许可以在不超过 2 年的期限内分期付清罚金。

三、若犯罪人不愿或无力支付罚金，法庭允许可以在不超过 2 年的期限内分期付清罚金。之后，如果犯罪人仍不愿或无力支付罚金，则法庭可以在征得犯罪人同意的情况下代之于命令其参加社区劳动，但应尽可能不影响其正常的雇用工作。

四、若犯罪人不同意本条第 3 款所规定之以社区服务劳动代替监禁，则法庭可命令犯罪人支付 1 天折合 15 欧元的罚金，前提是刑期不超过 6 个月。

五、罚金刑也可用于附加刑（本法第 54 条）。

六、犯罪人死亡的，罚金不应执行。

第 40 条　命令社区服务工作代替刑罚

一、法庭可以在征得犯罪人同意的情况下，依据本法第 38 条第 3 款和第 39 条第 3 款的规定命令其以社区服务工作代替监禁或罚金刑。

二、判处参加社区服务工作时，法庭应当命令犯罪人无偿参加 30 至 240 个小时的社区服务工作。缓刑机关将明确犯罪人参加社区服务工作的类型，指定犯罪人参加社区服务的机构，确定社区服务工作期间每周工作的天数，以及监督社区服务工作的表现。

三、社区服务工作应当由法庭明确一定的执行期限，该期限不应超过 1 年。

四、若犯罪人超过了规定的期限还没有完成或只是部分完成了社区服务工作，则法庭将命令其执行与所未完成社区服务工作的期限成比例的监禁。若依据本法第 38 条第 3 款发布社区服务命令，则监禁期限不应当超过原判刑期；若依据本法第 39 条第 3 款发布社区服务命令，则监禁期限不应当超过 6 个月。

刑罚替代措施

第 41 条　刑罚替代措施

一、刑罚替代措施包括：

1. 缓刑；

2. 半自由刑。

二、若判处缓刑，法庭也可同时判处：

1. 命令强制矫正治疗；

2. 责令接受缓刑机构监督；以及

3. 责令参加社区服务工作。

第 42 条　缓刑的目的

缓刑的目的是谴责犯罪人，并借此而通过宣布判决但不执行判决，从而达到刑罚的目的。

第 43 条　缓　　刑

一、法庭可依据本法有关条款判处犯罪人缓刑。

二、在判处缓刑时，法庭宣布对犯罪人的刑罚，同时宣告如果犯罪人在法庭确定的期限内（考验期）没有再犯新罪则原判刑罚不再执行。该期限应在1年以上5年以下。

三、在缓刑期内，若犯罪人在指定期限内没有退还犯罪所得之物质利益，没有补偿犯罪造成之损失，或者没有完成刑法条款所规定的其他义务，则法庭可以命令执行判决。法庭应当确定在考验期内完成这些义务的最后期限。

第44条　判处缓刑的条件

一、缓刑可适用于刑期在5年以下监禁的犯罪人，若适用刑罚减轻条款，则还可用于刑期在10年以下监禁的犯罪人。

二、当法庭宣布判处罚金刑或2年以下的监禁刑时，不论是单一犯罪还是数罪共罚，可适用本条第1款之规定对犯罪人判处缓刑。

三、在决定是否判处缓刑时，法庭应当特别考虑犯罪人的表现，行为人犯罪前的一贯表现，其犯罪后的表现，刑事责任程度及犯罪实施的其他状况。

四、当法庭宣布判处监禁刑和罚金刑时，法庭可以对2种刑罚同时执行缓刑或仅对监禁刑判处缓刑。

第45条　缘于新罪的撤销缓刑

一、在缓刑考验期内，犯罪人实施一个或多个刑罚为2年以上监禁刑之犯罪的，法庭应当撤销缓刑。

二、在缓刑考验期内，若犯罪人实施了一个或多个刑罚为2年以下监禁刑之犯罪，或者刑罚为罚金刑之犯罪的，在考虑与所犯之罪和犯罪人有关的所有情形，特别是所犯之罪的相似性、重要性和犯罪动机后，法庭可以撤销缓刑。

三、撤销缓刑时，法庭应当依据本法第71条之规定对前罪和新罪宣告单一刑罚，确定撤销缓刑。

四、若法庭未撤销缓刑，则可对其新罪判处缓刑、监禁、罚金等刑罚。若法庭对新罪判处缓刑，则其应当适用本法第 71 条之规定对前罪和新罪合并判处缓刑，同时应当确定 1 年以上 5 年以下的综合考验期，从判决之日起开始生效。若法庭对新罪判处监禁刑，监禁刑之已服刑期不得从前罪的缓刑考验期内扣除。

第 46 条　因前罪撤销缓刑

当判处缓刑后，若终审判决确认该犯罪人在判处缓刑前还有其他犯罪，并且法庭认为若提前知道该罪就不会判决缓刑，则法庭应当撤销该缓刑。在此情形下，应当适用本法第 25 条第 3 款之规定。

第 47 条　由于未能履行义务而撤销缓刑

若缓刑判决之条件为完成本法第 43 条第 3 款规定的义务之一，而犯罪人未能在法庭确定的期限内履行该义务，则法庭在考验期内可延长履行期限，或撤销缓刑而执行缓刑中确定的刑罚。若法庭认为犯罪人基于合理的原因无法在确定的期限内履行义务，则法庭可放弃该义务的履行或代之以法律规定的其他合适义务。

第 48 条　撤销缓刑之最后期限

一、缓刑可在考验期内撤销。若犯罪人在考验期内实施了引起缓刑撤销的犯罪，但只是在考验期结束后才判决认定，则缓刑可在考验期结束后 1 年之内撤销。

二、若犯罪人未能在法庭确定的期限内履行本法第 43 条第 3 款规定之义务，则法庭可在考验期结束后不超过 1 年的期限内撤销缓刑，责令执行原判刑罚。

第 49 条　附加强制矫治命令之缓刑

一、若犯罪人属于初犯且系吸毒者或嗜酒者，法庭认定导致该犯罪的首要因素是和其吸毒或酗酒有关，考虑缓刑服务机构的报告后认为成功地治疗将最大限度地避免其再次犯罪，则法庭可以判决命令实施强制矫治之缓刑。

二、缓刑服务机构应当监督矫治进程。

三、成功完成矫治进程将视为该刑罚执行完毕。

四、若犯罪人退出矫治进程或没有履行命令治疗的相关义务，则法庭可将前述义务改为其他义务，延长治疗期限或撤销缓刑执行原判刑罚。

第 50 条　命令接受缓刑服务机构监督之缓刑

一、法庭在考虑缓刑服务机构的报告后，若认定通过缓刑服务机构的监督能够更好地将罪犯回归社会，则可以判决命令其接受缓刑服务机构监督之缓刑。

二、当判决命令犯罪人接受缓刑服务机构监督之缓刑时，法庭应当命令其与缓刑服务机构保持联系。法庭也可以命令犯罪人履行本法第 43 条第 3 款或第 51 条规定的一个或多个义务。第 51 条规定的义务期限应在 6 个月以上 3 年以下。

三、在选择本法第 51 条规定的义务时，法庭应当特别考虑犯罪人的年龄、总体健康状况和精神状况以及生活方式，尤其是与家庭、工作和学校有关的需要，犯罪动机、犯罪后的表现、先前行为、个人和家庭有关的及其他对于选择监督的种类和期限非常重要的因素。

四、如果犯罪人未能按照法庭的命令与缓刑服务机构保持联系，或未能履行本刑法典第 51 条规定的义务，则法庭可将前述义务改为其他义务，延长治疗期限或撤销缓刑执行原判刑罚。

第 51 条　命令接受缓刑服务机构监督之缓刑中的义务种类

命令接受缓刑服务机构监督之缓刑也可以是命令完成一个或

多个下列义务：

1. 在健康保健机构接受医学治疗或康复护理；

2. 执行医疗或康复治疗进程；

3. 拜访心理医师或咨询人员并听从其指导意见；

4. 参加某一职业的职业培训；

5. 完成工作活动；

6. 用自己的工资或其他收入或财产完成家庭义务；

7. 未经缓刑机构同意不得改变住所；

8. 不得饮酒或吸毒；

9. 避免频繁出入提供酒的场所；

10. 避免会见特定人；

11. 避免携带任何类型的武器。

第 52 条　命令参加社区劳动之缓刑

一、若法庭宣布最高达 2500 欧元的罚金刑或最长达 1 年的监禁刑，在考虑缓刑服务机构的报告后，法庭可依据本法第 44 条第 1 款的规定对犯罪人判决命令参加社区劳动的缓刑。仅当犯罪人同意后方可命令参加社区劳动。

二、判决命令参加社区劳动之缓刑后，法庭应当命令犯罪人完成确定期限为 30 至 240 个工作时的义务劳动。缓刑机构将确定犯罪人参加社区劳动的类型，指定犯罪人完成社区劳动的具体机构，确定犯罪人完成社区劳动每周工作的天数，并监督社区服务劳动的完成。

三、社区服务劳动应当在法庭确定的 1 年之期限内完成。

四、当判决命令参加社区劳动之缓刑时，法庭也可以命令犯罪人与缓刑机构保持联系或完成一个或多个本法第 43 条第 3 款或第 51 条规定的义务。完成第 51 条规定义务的期限应当在 6 个月以上3年以下。在不影响根据本条命令义务的情况下，应当适用本法第50条第3款。

五、若犯罪人未能按照法庭的命令与缓刑机构保持联系，或未能履行本法第51条规定的义务，则法庭可将前述义务改为其他义务，在考验期内延长监督期限或撤销缓刑。

第53条　半自由刑

一、当法庭判处1年以下的监禁刑时，法庭可依据犯罪人与工作、教育、职业培训、基本家庭责任、医疗或康复治疗等之间的相关原因，命令执行半自由刑。在执行半自由刑时，犯罪者监外完成其义务后必须在法庭确定的期限内归监。

二、若犯罪人未能履行与其工作、教育和职业培训有关的义务，则法庭应当撤销执行半自由刑的命令，命令余刑在监狱内执行。

附　加　刑

第54条　附加刑

一、附加刑可与主刑和选择刑同时使用。

二、附加刑包括：

1. 罚金；
2. 剥夺被选举权；
3. 禁止行使公共管理或公共服务职能；
4. 禁止从事某种职业、活动或义务；
5. 禁止驾驶机动车辆；
6. 没收驾驶执照；
7. 对物没收；
8. 责令公布判决；

9. 将外国人驱逐出科索沃境内。

三、禁止驾驶机动车辆、没收驾驶执照和对物没收可与判处缓刑宣告司法警告或撤销刑罚同时使用。

第 55 条　剥夺被选举权

如果犯罪人为了当选而使用威胁、伪造选举名单或实施了应处 5 年以上监禁的其他犯罪的，则法庭应当剥夺其 1 至 3 年内行使被选举权。

第 56 条　禁止行使公共管理或公共服务职能

一、如果犯罪人亵渎了公共管理和公共服务职能并被判处 10 年以上监禁，则法庭应当禁止该人在其服刑完毕后 1 至 5 年内行使这些职能。

二、如果犯罪人亵渎了公共管理和公共服务职能并被判罚 10 年以下监禁，则法庭应当禁止该人在其服刑完毕后 1 至 3 年内行使这些职能。

第 57 条　禁止从事某种职业、活动或职责

一、如果犯罪人为了实施犯罪亵渎了本人的职业、活动或职责，或者有理由怀疑其有可能利用该种职业、活动或职责而实施犯罪，则法庭可以禁止该人从事某种职业、独立活动，或与公有财产的转让、管理、使用或这些财产的保护等有关的管理或行政职责。

二、法庭将根据本条第 1 款的规定确定惩罚期限，一般从法庭判决生效之日起 1 至 5 年之间，而且服刑或在健康保健机构的时间不计在本处罚内。

三、当判决缓期宣告时，如果犯罪人未遵守禁止从事这种职业、活动或职责的命令，则法庭可决定撤销缓期宣判。

第 58 条　禁止驾驶机动车辆

一、如果犯罪人危及公共交通安全，法庭可禁止其驾驶某一具体类型的机动车辆。

二、法庭将根据本条第 1 款的规定确定惩罚期限，一般从法庭判决生效之日起 1 至 5 年之间，而且服刑或在健康保健机构的时间不计在本处罚内。

三、当判决缓期宣告时，如果犯罪人未遵守禁止驾驶机动车辆的命令，则法庭可决定撤销缓期宣判。

四、如果本条第 1 款规定的处罚被强加于拥有外国驾驶执照的人，则该判罚包括禁止在科索沃境内使用外国驾驶执照。

第 59 条　没收驾驶执照

一、如果犯罪人危害公共交通安全，则法庭可没收其特定类型的驾驶执照，并且在 1 至 5 年期限内禁止其申请新的驾驶执照。如果该犯罪人没有驾驶执照，则法庭应当禁止该人在上述期限内申请驾驶执照。

二、如果犯罪人实施了导致他人严重身体伤害或死亡的犯罪，或者法庭认为由于犯罪人不能安全驾驶机动车辆但犯罪人若仍然继续驾驶将威胁公共交通安全时，则法庭可以对其判处本条第 1 款规定的处罚。

三、驾驶执照应当依据法庭的最终判决予以没收。在监狱服刑或在健康保健机构的时间不应当计算在本处罚期限内。

四、法庭确定的期限到期后，犯罪人可依据申请相关驾驶执照的一般规定申请新的驾驶执照。

第 60 条　对物没收

一、用于或拟用于刑事犯罪的物品或从刑事犯罪中得到的物品如属于犯罪人所有则可以没收。

二、如果是整体安全利益所需，本条第 1 款提到的物品即使不属于犯罪人所有也可以没收。但这种没收不能严重影响第三方从犯罪人获取损失补偿的权利。

三、法律可以规定强制对物予以没收。

第 61 条　责令公布判决

一、如果法庭认为公布判决是公众、受害方或其他人的兴趣所在，则可以责令公布判决。

二、责令公布判决应当要求由犯罪人支付费用通过报纸、广播、电视全部或部分的公开判决。

三、公布的日期和持续时间由法庭确定。

四、报纸、电台、电视台应当公布由法庭转送的判决。

五、如果此类公布危及到官方秘密、个人隐私或社会伦理，则不应当命令公布。

第 62 条　将外国人从科索沃境内驱逐出境

一、法庭可命令将外国人从科索沃境内驱逐出境 1 至 10 年。

二、在决定是否适用本条第 1 款及此判罚的持续期限时，法庭应当考虑犯罪的种类和危害性、犯罪动机和犯罪人与科索沃的关系。

三、如果执行处罚违背了 1950 年 9 月保护人权和基本权利公约及其协议，1951 年 7 月 28 日难民地位有关公约及 1967 年 1 月 31 日协议，或者 1984 年 12 月 17 日反对酷刑和其他凶残、不人道或有辱人格的待遇或处罚公约，则本条第 1 款规定的处罚不应当执行。

四、驱逐的期限应当从法庭判决之日起生效，而且在监狱服刑时间和在健康保健机构的治疗时间不计在内。

第 63 条　附加刑的执行

一、受本条第 2 款的规定，附加刑应该依据本刑法典第 54 条的规定与主刑或选择刑同时执行。

二、本刑法典第 54 条第 2 款之第 2 项、第 3 项、第 4 项、第 5 项、第 6 项和第 9 项规定的附加刑应当在监禁服刑完毕后开始执行。监狱服刑期间不能享受附加刑限制的权利。

刑罚的计算

第 64 条　刑罚计算的一般规则

一、法庭应当在法律对犯罪的规定限度内对罪犯裁量刑罚，同时考虑刑罚目的、与刑罚的减轻或加重相关的所有情形（情形刑罚的减轻或加重情形），特别是刑事责任程度、犯罪动机、对受保护价值的危害或伤害程度、犯罪的环境、犯罪人以往的表现，有罪抗辩的提交、犯罪人的个人情况及其犯罪后的行为等因素。

二、在确定对累犯如何处罚时，法庭应该特别考虑罪犯前罪和新罪是否属于同一类型，二者是否具有同一动机，前罪被宣判、服刑完毕或撤销之后间隔多久等因素。

三、当决定罚金时，法庭应当参考犯罪人的物质状况，特别是其个人收入情况、其他收入、财产或义务等。法庭不应当设定高于犯罪人承受能力的罚金。

第 65 条　减轻或加重处罚的一般规则

一、预先对刑事犯罪行为规定的刑罚就是对犯罪人的处罚。当需要减轻或加重处罚时只能根据本刑法典规定的条款执行。

二、对于未遂犯、帮助犯或共同犯的处罚应当不超过刑法预先规定最重刑罚的 3/4。在判处罚金的情况下，同样适用于法律规定的最高罚金。

第 66 条　刑罚的减轻

下列情况下法庭可以在法律规定的限度内进行判罚或判罚一种更轻的刑种：

一、当法律明确规定对犯罪人的判罚应当减轻；

二、当法庭发现有特殊情形表明判处较轻刑罚也能达到刑罚的目的。

第 67 条　刑罚减轻的限度

一、当本刑法典第 66 条规定的条件存在时，法庭可以在下列限度内减轻刑罚：

1. 如果对犯罪行为的刑罚规定为长期监禁，则可以减轻为判处 10 年监禁；

2. 如果对犯罪行为的刑罚规定为最低监禁 3 年，则可以减轻为判处 1 年监禁；

3. 如果对犯罪行为的刑罚规定为最低监禁 2 年，则可以减轻为判处 6 个月监禁；

4. 如果对犯罪行为的刑罚规定为最低监禁 1 年，则可以减轻为判处 3 个月监禁；

5. 如果对犯罪行为的刑罚规定为最低监禁不足 1 年，则可以减轻为判处 15 天监禁；

6. 如果对犯罪行为没有规定最低监禁期限，则可以判处罚金代替监禁；

7. 如果对犯罪行为没有规定最低罚金数额，则罚金可减少为 50 欧元。

二、在依据本条第 1 款之规定确定处罚减轻程度时，法庭应当特别考虑对该犯罪行为处罚的最低和最高期限。

第 68 条　免除刑罚

一、只有法律有明确规定，法庭才可以免除对犯罪人犯罪行为的处罚。

二、当法庭得到法律授权免除对犯罪人犯罪行为的处罚时，法庭可以不受刑罚的减轻限制而进行减轻处罚。

第 69 条　对过失犯罪免除刑罚的特殊理由

在下列情况下，如果犯罪人出于过失犯罪，则法庭可以免除其刑罚：

1. 如果犯罪后果对犯罪人影响非常严重以致刑罚未必能达到其目的；

2. 实施犯罪行为后犯罪人立即努力消除或减轻犯罪后果，并且完全或基本弥补了该行为所造成的损失。

第 70 条　对多次累犯的加重处罚

一、故意犯罪的在下列情况下，法庭可以对应受监禁处罚的犯罪判决比法律规定更为严厉的刑罚：

1. 如果犯罪人此前因故意犯罪已 2 次或 2 次以上被判处 1 年以上监禁；

2. 释放或以前处罚的终止日期与犯新罪的日期间隔不足 5 年。

二、法庭可以通过在最重处罚基础上增加不超过最重刑罚 1/2的刑罚实现加重判罚。

三、在决定是否判处更为严厉处罚时，法庭应该特别考虑有罪抗辩的提交、所犯罪行的相似性、犯罪动机、犯罪情形及为完成刑罚目的判处此刑罚的需要等。

四、本条不适用于长期监禁处罚。

第 71 条　同时发生的犯罪的处罚

一、如果犯罪人通过同时实施一个或多个行为实施了多个犯罪，法庭应当首先对其各个行为宣判处罚，然后对所有这些行为实施加重处罚。

二、法庭应当依照下列规则判处加重刑罚：

1. 如果法庭对其中的一个犯罪行为判处了长期监禁，则只能单处长期监禁；

2. 如果法庭对每一个犯罪行为判处了监禁处罚，则总刑应当在数刑种最高刑期之上总刑期之下，也不能超过 20 年期限；

3. 如果法庭对每一个犯罪判处了长达 3 年以下监禁，则监禁加重处罚的总刑期不应高于 8 年；

4. 如果法庭对每一个犯罪分别判处了罚金，则罚金的加重处罚不应超过 2.5 万欧元，或者当其中一种或多种犯罪是为了获取物质利益，则罚金的加重处罚不应超过 5 万欧元；

5. 如果法庭对某些犯罪判处了监禁，而对于其他犯罪判处了罚金，则法庭将依据本条第 2 款第 2 项至第 4 项之规定判处加重的监禁和罚金。

三、如果多个犯罪中的至少一个被判处了附加刑，则法庭应当判处附加刑；如果法庭对多个罪行判处了罚金，则法庭应当根据本条第 2 款第 4 项之规定加重判处罚金。

第 72 条　罪犯刑罚的计算

一、若已被定罪判刑之人在执行先前判决所确定的刑罚之前曾经犯罪而被审判，或者在服监禁刑或长期监禁刑期间实施犯罪而被审判，则法庭应当考虑对前判刑罚加重判处刑罚（本法第 71 条）。罪犯已经服完的刑期或部分刑期应当包括在加重处罚内。

二、对于服监禁刑或长期监禁刑期间所犯罪行，如果考虑前罪刑罚未服完部分的期限引用本法第 71 条将导致无法达到刑罚目的，则法庭应当独立于前判刑罚而单独确定刑罚。

第 73 条　拘留和前判刑罚的计算

一、与犯罪有关的拘留和其他任何剥夺自由的期限都应当计算在监禁、长期监禁或罚金之内。

二、罪犯已服刑期或因轻微犯罪或经济犯罪已付罚金，应包含在包括轻微犯罪或经济犯罪特征的犯罪的刑罚之内。

三、对轻微犯罪或经济犯罪的保护措施应当包含在包括轻微犯罪或经济犯罪特征的犯罪的刑罚之内。

四、根据本刑法典，为方便计算，拘留 1 天、剥夺自由 1 天、监禁 1 天、长期监禁 1 天（译者注：只是实际执行 1 天）和罚金 15 欧元应视为等同。

第四章　司法警告

第 74 条　司法警告的目的

司法警告的目的是在考虑罪行和犯罪人有关的所有因素后，认为警告足以达到惩罚的目的而给予犯罪人的一种处分。

第 75 条　司法警告

一、受到司法警告的人应当被告知其已实施了构成刑事犯罪的有害和危险行为，如果其再次实施这种行为，法庭将对其处以更为严厉的刑事制裁。

二、司法警告可以处罚那些应处 1 年以下监禁或者罚金处罚的犯罪，这些犯罪都是在导致犯罪特别轻微的减轻情节下实施的。

三、司法警告可根据法律规定的条件处罚某些特定犯罪，甚至包括应判3年监禁的罪犯。

四、当每一犯罪均符合本条第2款、第3款规定的条件时，法庭可以对同时实施的一个以上的犯罪判处司法警告。

五、当决定是否判决司法警告时，法庭应当特别考虑司法警告的目的、犯罪人犯罪后的表现、刑事责任的程度、实施犯罪的其他情节和犯罪人参加治疗进程的自愿性。

第五章　强制治疗措施

第76条　有关强制心理治疗措施的特殊条款

对心理不健全或精神能力减弱的犯罪人的强制心理治疗措施的命令程序，应当由法律单独制定。

第77条　对吸毒或嗜酒者的强制恢复治疗

一、如果法庭对犯罪人进行了判罚、司法警告或者免除处罚，并且法庭认为引发其犯罪的首要因素是因为吸毒或嗜酒，并有希望治疗成功，则法庭可以命令受酒精或毒品影响而实施犯罪人在卫生保健机构强制接受恢复治疗。在卫生保健机构中接受治疗的时间应当计算在服刑期内。

二、如果本条第1款之治疗措施是附加于罚金、司法警告或免除刑罚，则法庭在征得犯罪人同意的情况下可以决定在自由状态中执行这些措施。如果犯罪人没有正当理由未能完成在自由状态下接受治疗的，或者本人随意放弃治疗的，则法庭可以命令其在卫生保健机构接受治疗。

三、如果本条第 1 款所指措施是附加于监禁刑，则该措施可持续到服刑完毕。如果本条第 1 款所指措施是附加于罚金、司法警告或免除刑罚，则治疗持续时间不可以超过 2 年。法庭必须每隔 2 个月检查措施执行情况，以决定该措施是否有必要继续执行。

第六章　刑罚执行的一般条款

第 78 条　监禁和长期监禁处罚的执行

一、监禁刑应当在指定的执行刑罚机构的封闭、半封闭或开放的场所内执行。

二、长期监禁刑应当在指定的执行刑罚的封闭机构内执行。

三、刑罚执行中，罪犯不应该受到非人道或有辱人格的对待或惩罚，包括不必要的精神或体力消耗，剥夺适当治疗或其他基本需要等。

第 79 条　刑罚执行的限制

刑罚执行中，罪犯的基本权利应始终受到尊重。罪犯的权利在符合法律、国际人权标准的必要范围内受到限制。

第 80 条　假　　释

一、如果有正当理由知道罪犯不会再犯新罪则应当准予对其假释。在决定是否准予假释时，应当考虑罪犯在服刑期间的表现。

二、罪犯服完宣判监禁刑期的1/2才能准予假释，从监狱假释的条件是罪犯在所判刑罚期满前不会实施其他犯罪。

三、罪犯已经服完1/3的宣判监禁刑期，如果与罪犯有关的特殊情况表明其不会重新犯罪，则也可以根据例外的规定予以假释。

四、罪犯已服完3/4的宣判长期监禁刑可以准予假释。

五、假释应当由司法事务领域中有法定资格的公共实体所建立的评判小组依照法律决定。

第81条　假释的撤销

一、如果罪犯在假释期间施行一个或多个刑期在1年以上的刑事犯罪，则应当撤销假释。

二、如果罪犯在假释期间施行一个或多个刑期最高达1年以下的刑事犯罪，则可以撤销假释。在决定是否撤销假释时，法庭应特别考虑罪犯所犯罪行的相似性、犯罪动机、显示适宜撤销假释的其他情形。

三、当法庭撤销假释时，应当以本法典第71条和第72条第2款之规定为基础判处刑罚，前判刑罚应当予以确定。罪犯在此前一个判决后已执行完毕前判刑罚部分，应当计算在新的处罚之内，而假释时间不得计算在内。

四、当被假释的罪犯因假释前所犯罪行受到处罚时，本条第1款及第3款之规定也应当适用。

五、如果被假释的罪犯被判决监禁不超过1年，并且法庭没有命令撤销假释，则假释的期限应当延长至罪犯服刑完此宣判监禁所需的时间。

第七章　没收犯罪所得物质利益

第 82 条　没收物质利益的理由

一、任何个人不得保留罪犯所得之物质利益。

二、本条第 1 款所规定的物质利益应当由定罪的法庭判决依据本法条款没收。

第 83 条　没收物质利益的方法

一、通过犯罪得到的所有金钱、有价物品及其他物质利益均应当从犯罪人那里没收。如果无法进行没收，则犯罪人必须支付与其所得相当的物质利益的金钱。在适当的情况下，法庭可允许在 2 年以内之期限中分期付款。

二、明知或应当知道物质利益是犯罪所得，则可以从所移交的任何人那里无偿或者以与实际价值不符的补偿没收任何犯罪所得物质利益。当物质利益已转移到近亲属，除非他们证明已全部赔偿其价值，否则应当从他们那里没收。

第 84 条　受害方财产索赔

一、当在刑事诉讼中受害人之财产损失已经得到相应之赔偿，如果犯罪人所得之物质利益有超过受害方赔偿数额部分，法庭应当命令没收。

二、在刑事诉讼中，为实现财产及法律方面的权利而提出诉讼请求的被害人，若其在提起诉讼所依据的相关决定生效后 6 个月以内提起诉讼的，或在确认其财产及法律方面的权利的相关决定生效后 3 个月以内请求法院以所没收之财物补偿其因犯罪而遭受之损失的，则可以请求从没收的物质利益中得到赔偿。

三、被害人未在刑事诉讼中提出财产及法律的诉讼请求，若其在知晓没收犯罪收益的判决后 3 个月以内，或至多在没收犯罪收益的判决生效后 2 年以内，提起诉讼要求确认其财产及法律权利的，或在确认其财产及法律方面的权利的相关决定生效后 3 个月以内，请求法院以所没收的财物对其损失予以补偿的，则可以要求从没收的物质利益中得到赔偿。

第 85 条　从法人那里没收物质利益

如果商业组织或法人因犯罪人之犯罪行为而得到了物质利益，则这些物质利益应当从商业组织或法人那里没收。

第八章　复权和透漏犯罪记录信息

第 86 条　罪犯在刑罚执行后、免除后、超过时效后的法律状态

一、监禁刑执行完毕后，受特赦、赦免或超过时效后，犯罪人应当行使并获得法律或其他条款规定的所有权利，包括在科索沃临时自治政府宪法框架内的那些权利，除非本法另有规定。

二、本条也适用于假释的罪犯。

第 87 条　法律复权

一、一旦经过法律复权，应当撤销罪犯的受刑记录，并且此人不应当视为有罪。

二、下列时间期限到期后，如果罪犯在此期限内未犯新罪，则应当通过法律运作消除罪犯的受刑记录：

1. 对于司法警告或免除刑罚而言，判决生效之日起 1 年之内；

2. 对于缓期宣判而言，考验期到期之日起 1 年之内；

3. 对于半自由刑而言，从服刑、超过法定时效、大赦、特赦，或刑法修订之日起 1 年之内；

4. 对于 1 年以下监禁刑、罚金或附加刑而言，从服刑、超过法定时效、大赦、特赦，或刑法修订之日起 3 年之内；

5. 对于 3 年以下监禁刑、罚金或附加刑而言，从服刑、超过法定时效、大赦、特赦，或刑法修订之日起 5 年之内；

6. 对于 3 至 5 年以下监禁刑而言，从服刑、超过法定时效、大赦、特赦，或刑法修订之日起 8 年之内；

7. 对于 5 至 10 年以下监禁刑而言，从服刑、超过法定时效、大赦、特赦，或刑法修订之日起 10 年之内；

8. 对于 10 至 15 年以下监禁刑而言，从服刑、超过法定时效、大赦、特赦，或刑法修订之日起 15 年之内。

三、超过 15 年或长期监禁刑的受刑记录不应当消除。

四、在强制治疗措施持续期间，受刑记录不应当消除。

第 88 条　法庭复权

如果本法第 87 条第 2 款规定时间的相关期限已超过 1/2，且在此期间罪犯未犯新罪，应罪犯的请求，法庭可以决定消除其刑罚记录，认为该人没有犯罪。在决定消除罪犯刑罚时，法庭应当考虑其服刑后的表现，犯罪性质及其他有利于消除惩罚记录的重要评估因素。

第 89 条　公开犯罪记录信息

一、犯罪记录应当包含以下信息：罪犯的个人资料、处罚信息、司法警告、对犯罪人判处的强制治疗措施或免除处罚、输入犯罪记录的定罪信息变更、服刑信息及撤销误判信息等。

二、犯罪记录中，仅能透露与未被消除的定罪有关的信息，并且只能提供给针对以前已被定罪人进行的刑事诉讼有关的法庭、公共检察官办公室和警方，以及负责刑事裁决执行的主管机关或同意大赦、赦免或撤销判决程序中涉及的主管机关。

三、如果特定的附加刑（本法第 63 条第 2 款）或强制治疗措施仍有效，则在提出合理请求的情况下，犯罪记录资料也可以透漏给公共实体。

四、在定罪被消除的情况下，犯罪信息只可以提供给针对先前定罪被消除之人进行的刑事诉讼有关的法庭、公共检察官办公室和警方。

五、任何人都无权要求他人提供其有关是否曾经被定罪的信息。

六、当对其行使权利有必要时，任何人均可以提出请求，索取自己的犯罪记录信息。

第九章　时　　效

第 90 条　刑事起诉的法定时效

一、除非本法另有规定，经过下列期限后不得提起刑事

起诉:

1. 应判长期监禁刑犯罪的，经 35 年之后；

2. 应判 10 年以上监禁刑犯罪的，经 15 年之后；

3. 应判 5 年以上监禁刑犯罪的，经 10 年之后；

4. 应判 3 年以上监禁刑犯罪的，经 5 年之后；

5. 应判 1 年以上监禁刑犯罪的，经 3 年之后；

6. 应判最高达 1 年以下监禁刑或罚金犯罪的，经 2 年之后。

二、对于某一犯罪行为法律规定了一种以上的刑罚时，对刑事起诉的时效应当依据最严重处罚来决定。

第 91 条　刑事起诉时效的开始和中断

一、刑事起诉时效从犯罪之日起开始。

二、根据法律规定，当无法对犯罪人启动追诉或无法继续追诉的，追诉时效依法暂时停止。

三、为对所犯罪行进行刑事起诉而采取的每个行为，都将产生时效中断。

四、在追诉时效期间，犯与前罪同样严重或更严重的新罪的，追诉时效中断。

五、每 1 次中断，追诉时效都应重新计算。

六、若犯罪之后所经过时间超过法定追诉时效的 2 倍时，则无论在任何情况下，均不得对犯罪人进行追诉。（绝对禁止刑事起诉）

第 92 条　刑罚执行时效

除非本法另有规定，已判刑罚超过下列期限不得执行:

1. 应判长期监禁刑犯罪的，经 35 年之后；

2. 应判 10 年以上监禁刑犯罪的，经 15 年之后；

3. 应判 5 年以上监禁刑犯罪的，经 10 年之后；

4. 应判3年以上监禁刑犯罪的，经5年之后；

5. 应判1年以上监禁刑犯罪的，经3年之后；

6. 应判最高达1年以下监禁刑或罚金犯罪的，经2年之后。

第93条　附加刑和强制治疗执行的法定限制

一、罚金附加刑在判决生效之日起2年后应当禁止执行。

二、其他附加刑在判决生效之日起5年后应当禁止执行。

三、强制治疗措施在判决执行措施生效之日起3年后应当禁止执行。

第94条　刑罚执行时效的开始和中断

一、刑罚执行时效自判决生效之日起开始，如果撤销缓刑的，则自撤销决定生效之日起开始。

二、当刑罚无法执行时，行刑时效依法暂时停止进行。

三、在行刑时效期间，刑罚执行机关意图执行刑罚所采取的每次行动都会导致追诉时效的中断。

四、每1次中断，行刑时效都应重新计算。

五、若犯罪之后所经过时间超过法定行刑时效的2倍时，无论在任何情况下，该刑罚均不得被执行。（绝对禁止刑罚执行）

六、本条第2款至第5款的规定也适用于禁止执行强制治疗措施。

第95条　种族灭绝和战争犯罪不适用法定限制

对种族灭绝、战争犯罪、反人类罪和根据国际法不适合时效的其他犯罪的起诉和刑罚执行，不适用时效的规定。

第十章　大赦和赦免

第96条　大　　赦

一、被大赦的人可以被免于刑事起诉，部分或全部免除刑罚执行，或以较轻刑罚代替或撤销刑罚。

二、除非对某种个别行为另有规定，大赦应当包括大赦行动前的犯罪。

第97条　特　　赦

通过特赦的方法，可以对专门指定的名单中的人免于刑事起诉，部分或全部免除刑罚执行，以较轻刑罚代替或撤销刑罚。

第98条　大赦和特赦对第三方的影响

同意大赦和特赦不应当影响基于判决的第三方的权利。

第十一章　科索沃地区刑法典的适用范围

第99条　科索沃地区刑法对于在科索沃领域内实施犯罪人的适用

一、科索沃地区刑法适用于在科索沃领域内实施犯罪的任何人。

二、科索沃地区刑法适用于在科索沃注册的民用航空器上实施犯罪的任何人，不论犯罪实施时该航空器位于何处。

第 100 条　科索沃地区刑法对在科索沃领域外实施的特定犯罪的适用

一、科索沃地区刑法适用于在科索沃领域外实施了本法第 116 条至第 121 条，第 125 条至第 128 条，第 138 条，第 133 条第 1 款，第 134 条至第 137 条，第 139 条第 1 款、第 2 款、第 3 款，第 141 条至第 143 条和第 244 条规定的任何人。

二、科索沃地区刑法适用于在科索沃领域外触犯了本法第 111 条至第 113 条之罪的任何人，该犯罪对科索沃或其人口全部或部分构成安全威胁。

第 101 条　科索沃地区刑法对在科索沃领域外犯罪的科索沃居民和其他人的适用

一、科索沃居民在科索沃领域外实施犯罪，且该行为在犯罪实施地也应当受到处罚的，适用科索沃刑法。

二、不属于外国人的任何人在科索沃领域外实施犯罪，且该行为在犯罪实施地也应当受到处罚的，适用科索沃地区刑法。

三、本条第 1 款也适用于犯罪之后成为科索沃居民的人。

第 102 条　科索沃地区刑法对在科索沃领域外犯罪的外国居民的适用

在下列条件下，科索沃地区刑法适用于任何外国人：

1. 此人在科索沃领域外实施了针对科索沃居民的犯罪，即使本法第 100 条没有提到此种犯罪；

2. 这种行为在犯罪地应受到处罚；

3. 犯罪人在科索沃领域内被发现或已被移交科索沃。

第 103 条　起诉的特殊前提

一、在本法第 99 条规定的情形中，如果已经在其他管辖地启动了刑事诉讼但尚未完成，则刑事诉讼只有在科索沃公共检察官办公室同意后方可在科索沃启动。

二、在本法典第 101 条、第 102 条规定的情形中，如果有如下条件，刑事诉讼不应启动：

1. 犯罪人已经执行完毕其他管辖地判处的刑罚；

2. 犯罪人已经在其他管辖地被法庭终审判决无罪，或处罚已被免除，或已经超过法定诉讼时效；

3. 该犯罪行为的刑事诉讼在其他管辖地只有由受害方提出请求才能启动，而这种请求并未提出。

三、根据本法第 105 条规定，刑事起诉只有经过科索沃公共检察官办公室同意后才能在科索沃启动。

四、在本法第 99 条规定的情形中，对外国公民的刑事起诉在符合对等互惠情况下，可以移交外国管辖地执行。

第 104 条　在其他管辖地拘留和服刑的计算

在转移至另一管辖地的过程中，对某人的拘留和剥夺自由及犯罪人根据外国法庭判决的执行的刑罚部分应当计算在科索沃法庭对同一行为所判处刑罚期限之内，如果在科索沃境外所判处的刑罚不属同一种类，法庭应当以其认为合适的方式计算刑罚。

第 105 条　儿童特殊条款

除非未成年司法适用法另行规定，本刑法典适用于 18 岁以下的人。

第 106 条　法人特殊条款

法人可以承担刑事责任的刑事犯罪、法人的刑事责任、法人适用的刑事裁决、指导适用于法人刑事程序的特殊规定条款等，都应当由法律分别规定。

第十二章　本法典中术语的含义

第 107 条

一、术语“官方人员”是指：

1. 经选举或被任命到公共实体的人；

2. 在商业机构或法人中的被授权人，其依据法律或依据法律的其他规定行使公共权力，或者在此授权内执行特定义务；

3. 基于法律授权，执行官方义务的人；

4. UNMIK 人事部门或 KFOR 中，没有违背给其的适当的优先权或豁免权的成员；

5. 驻科索沃联络办公室人事部门成员；

6. 公开国际或超国家组织内被确认是符合这些组织员工条例含义的正式员工或合同雇员的人；

7. 法官、检察官或科索沃刑事司法权的国际法庭内其他官员。

二、“负责人”是指由于其作用或特殊授权，被委托承担与执行法律或其他基于法律或商业机构一般规则的有关责任的商业组织个人或法人，或经营管理财产或与生产经营或其他经济活动或监督这些活动的有关的其他法人。当质疑的行为没有在侵犯职务罪章条中作出规定，也没有在本法典其他章条关于官方人员犯罪条款中作出规定时，该官方人员以本条第 2 款规定的负责人论。

三、当官方人员或法人被描述为犯罪的犯罪人时，假如法律没有规定罪犯只能是其中的一个人，则本条第 1 款或第 2 款所提到的所有人均可以成为此罪行的犯罪人。

四、“法人”是指合作股份公司、有限责任公司、有限组织、基金会、机构、政治或社会组织、个人协会及其他在其正常商业范围内生产或提供资源并处理的其他法律实体。

五、商业组织是指参与商业活动的任何自然人、法人或一群自然人、法人。

六、“文书”是指任何合适的物体或设计用来作为与法律关系相关的事实证据。

七、“货币”是指在科索沃或其他管辖地根据法律流通的金属货币或纸币。

八、“有价标志”包括外国有价标志。

九、“活动物体”包括为照明、取暖、传播、电话脉冲及其他脉冲而生产或采集的能量。

十、“暴力”包括使一个人违背个人意志进入一种无意识或无能力抵抗的状态而实施的催眠或其他麻醉手段。

十一、“机动车”是指在道路、水域或空中使用的任何交通设施。

十二、“联络办公室”是指外国政府为帮助完成民事和安全存在任务而根据联合国 1244 号决议在科索沃设立的办公室。

十三、“联络办公室人员”是指外国政府为帮助完成民事和安全存在任务而根据决议派遣到驻科索沃联络办公室的工作人员。上述人员不包括本地雇用人员，其名单应当送达秘书长特别代表。

十四、“UNMIK 人员”是指联合国官员、专家，以及其他被派往 UNMIK 任何部门工作的、拥有秘书长特别代表签发或其授权签发的 ID 卡的人员，该 ID 卡上表明了该持有者为 UNMIK 成员。

十五、“UNMIK”是指根据联合国安理会 1999 年 1244 号决议在科索沃境内设立的国际民事力量，包括刑事警察和司法、内部事务管理（联合国）、机构建设（OSCE）重建（欧盟）等部分。

十六、“公共实体”是指联合国设置在科索沃的过渡管理机构或者临时自治政府机构中的实体。

十七、“宪法框架”是指根据 UNMIK 于 2001 年 5 月 15 日第 2001/9 号关于科索沃临时自治政府宪法框架规定，为科索沃临时自治政府建立的宪法框架。

十八、“KFOR”是指依据安理会 1244 号决议（1999）北大洋公约组织在科索沃境内国际军事力量的存在，包括其成员国、附属机构、军事总部、国家建制或单位及非北约组织成员贡献国。

十九、“警察”是指 UNMIK 民事警察，也称 UNMIK 警察和科索沃警察力量。

二十、“科索沃居民”是指依据 2000 年 3 月 17 日 UNMIK 第 2000/13 号关于中央民事户籍档案的规定，作为长期居民登记或适合登记入科索沃中央民事户籍档案的人。

二十一、“儿童”是指年龄不满 18 岁的人。

二十二、“未成年人”是指年龄在 14 岁到 18 岁之间的人。

二十三、“成年人”是指年龄达到 18 岁的人。

二十四、“家庭关系”是指下列 2 个人之间的关系：

1. 互相订婚、结婚或未婚同居的人；

2. 共同享有私人家庭，有血缘、婚姻、收养或监护关系，包括父母、祖父母、子女、孙子女、兄弟姐妹、姑姨、叔舅、侄子、侄女、堂（表）兄弟姐妹等；

3. 非婚生儿童的父母。

二十五、“科索沃领域”是指国（边）境内的地表、水域及领空。

二十六、“科索沃边界”是指科索沃和塞尔维亚之间以及科索沃和黑山之间的分界线。

二十七、“科索沃边境”是指国际公认的南斯拉夫联盟共和国和前南斯拉夫联盟马其顿共和国（马其顿）、南斯拉夫联盟共和国和阿尔巴尼亚共和国之间的科索沃的部分边境。

二十八、“武器”是指专门设计的用于或可用于对人体造成伤害的仪器。它包括但不限于各种弹药、弩、弓箭、胡椒喷雾剂、催泪气、空白射击武器、仿造武器、枪、激光和 UNMIK 关于在科索沃合法拥有武器的第 2001/7 号规定附表所列各种武器或类似武器。

二十九、“危险药品”和“精神药物”是指南斯拉夫社会主义联盟共和国政府公报第 14/81，39/82，28/85，10/87，53/88，2/89 号所列的药物。

三十、“卫生保健机构”是指医院、授权精神保健机构或其他授权提供医疗、精神健康治疗、吸毒或嗜酒恢复治疗的场所。

分 则

第十三章 针对科索沃及其居民的犯罪

第 108 条 妨碍科索沃法律秩序罪

通过使用暴力或威胁手段企图改变科索沃在立法、执法或司法领域已建立的法制秩序或推翻公共实体的，处 5 年以上监禁。

第 109 条 恐怖主义的定义

在本法第 110 条至第 113 条之中：

一、恐怖主义是指以严重恐吓人群，非法强迫公共机构、政府或国际组织去实施或阻止实施任何行为，动摇或破坏科索沃、某一国家或国际组织的基本政治、经济或社会结构为目的，实施一个或多个的以下严重罪行：

1. 谋杀；
2. 严重身体伤害；
3. 劫持人质；
4. 绑架；
5. 非法剥夺自由；
6. 污染饮用水或食用产品；

7. 导致一般危险；

8. 破坏、损坏或移动公共设施；

9. 非法提供、运输、生产、交换或销售武器；

10. 非法持有或使用武器；

11. 危害受国际保护人员；

12. 危害联合国人员或有关人员；

13. 劫持航空器；

14. 危害民航安全；

15. 危及海上航行安全；

16. 危及大陆架固定平台；

17. 威胁使用或盗窃、抢劫核材料。

二、资金是指包括各种有形或无形的、移动或不可移动的用各种手段得到的任何财产，以及包括电子或数字等任何形式的证明这些财产所有权的权益的法律文件、文书，包括但不限于银行信贷、旅行支票、银行支票、资金汇票、股票、证券、债券、汇票、信用证等。

三、物质资源是指包括除了必要的药品之外的住所、安全房屋、虚假文件或身份证明、设备、人员、交通工具、通讯设备等实物资产。

四、有组织集团是指不是为实施眼前的犯罪而随意组成的、也不必为正式确定其成员各自职责、成员固定或内部组织结构完善的集团。

五、恐怖集团是指在一定时期内形成的超过 2 个人的一起实施恐怖犯罪的有组织集团。

六、支持恐怖集团是指为恐怖组织招募成员，掩盖恐怖集团及其成员的存在，阻碍发现或抓捕恐怖集团及其成员，明知或有理由相信这些资金或物质资源将全部或部分被恐怖集团使用，而故意提供或收集资金或其他物质资源。

第110条 实施恐怖活动

一、实施恐怖行为的，处10年以上20年以下监禁。

二、犯本条第1款之罪，并因此而导致他人严重身体伤害的，处15年以下监禁。

三、犯本条第1款之罪，并因此而导致他人死亡的，处15年以上或长期监禁。

第111条 帮助实施恐怖活动

一、为实施恐怖活动而准备犯本法第303条及第304条之罪的，处6个月以上5年以下监禁。

二、为实施恐怖活动而准备犯本法第305条之罪的，处3年以上10年以下监禁。

三、在恐怖犯罪实施后，任何人通过提供资金或其他物质资源帮助行为人或其共犯的，处3年以上10年以下监禁。

第112条 为实施恐怖主义提供便利

一、为实施恐怖主义，提供、招募、收集、隐藏部分或全部资金或其他物质资源的，处5年以上15年以下监禁。

二、过失犯本条第1款规定之罪的，处3年以上10年以下监禁。

三、为了实施恐怖活动而招募1人或多人的，处5年以上15年以下监禁。

四、为了实施恐怖活动而提供或接受指导或培训，包括建设阶段训练，生产或使用武器的，处5年以上15年以下监禁。

五、为了实施恐怖活动而派遣、发送或转移武装集团、转让武器或其他物资进出科索沃的，处5年以上15年以下监禁。

第113条　组织、支持和参加恐怖集团罪

一、组织或指挥恐怖组织的，处50万欧元以下罚金，并处7年以上20年以下监禁。

二、向恐怖集团提供支持的，处3年以上10年以下监禁。

三、积极参加恐怖组织的，处1年以上10年以下监禁。

第114条　偷越边境（界）罪

一、没有经由授权的可以出入境的通道，而是经由其他任何地点穿越科索沃边界或边境的，处250欧元罚金或3个月以下监禁。

二、伙同儿童或其他人一起，犯本条第1款之罪的，处2500欧元以下罚金或1年以下监禁。

三、犯本条第1款之罪的，存在以下一种或多种情形的，处2年以下监禁：

1. 以前犯过本条之罪的；

2. 在抓捕的过程中逃跑、企图逃跑或抵抗警察或KFOR的抓捕的；

3. 在4月1日至9月30日的20时至6时之间，或10月1日至3月31日的18时至6时之间偷越边境的；

4. 持有武器、弹药、军事服装、军事用品或设备偷越边境的。

四、若越境地点正好是KFOR临时设立的检查点，根据本条规定，此人不对其从未授权的地点穿越边境或边界承担刑事责任。

五、依据本法，若某些难民在原来生活的地方，其生活、身体、基本自由或权利受到威胁，并且已经在合理时间内在KFOR警察面前出现，并说明其从非授权通道穿越边界（境）的充分理由，则不应当对上述真正的难民或国内难民穿越边界的行为提起或继续任何刑事诉讼。

第115条　煽动国家、人种、宗教、族裔仇恨、冲突及不睦

一、以某种可能扰乱公共秩序的方式公开煽动或公开传播国家、人种、宗教、族裔或其他在科索沃居住的居民群体之间的仇恨、冲突、不睦的，处罚金或5年以下监禁。

二、有计划、有步骤或利用个人职位、权力优势犯本条第1款之罪的，或者导致骚乱、暴乱或其他严重后果的，处8年以下监禁。

三、以强迫、危及安全、侮辱民族、人种、族裔和宗教象征、损坏他人财产、亵渎纪念碑或坟墓等手段犯本条第1款之罪的，处1年以上8年以下监禁。

四、有计划、有步骤或利用个人职位、权力优势实施本条第3款之罪的，或者导致骚乱、暴乱或其他严重后果的，处1年以上10年以下监禁。

第十四章　违反国际法罪

第116条　种族灭绝罪

故意以全部或局部地毁灭民族、种族或宗教群体为目的，实施下列行为之一或多个行为的，处5年以上监禁或长期监禁：

1. 杀害群体成员的；
2. 导致群体成员严重身体伤害或精神伤害的；

3. 故意影响群体的生活状况，以期全部或部分导致身体损害的；

4. 采取强制措施防止群体生育的；

5. 强迫把儿童从一个群体转移到另一个群体的。

第117条　反人类罪

一、明知下列行为是大规模或有系统地针对任何平民人口进行的攻击行为，而实施其中一种或多种行为的，处5年以上监禁或长期监禁：

1. 谋杀；

2. 毁灭；

3. 奴役；

4. 驱逐或强迫迁移人口；

5. 监禁或其他违反国际法基本原则严重剥夺人身自由的行为；

6. 酷刑；

7. 强奸、性奴役、逼良为娼、强迫怀孕、强迫绝育或其他任何相对严重的性暴力；

8. 与本条及第116条、第118条至第121条之罪有关的，从政治、人种、民族、族裔、文化、宗教、性别或根据国际法统一禁止的其他理由，迫害任何可以识别的群体或集体的；

9. 强迫人口失踪；

10. 种族隔离；

11. 故意对他人身体、精神或身体健康造成重大痛苦或严重伤害以及其他特征相似的非人道行为。

二、在本条之中：

1. “直接针对任何平民人口的攻击”是指根据国家或组织攻

击平民人口的政策，或为了推行这种政策，针对任何平民人口多次实施本条第 1 款之罪的；

2. “灭绝”包括故意施加某种生活状况，如断绝粮食和药品来源，其目的是毁灭部分的人口；

3. “奴役”是指对一人享有所有权而衍生出来的任何或一切权力，包括在贩卖人口中，特别是在贩卖妇女和儿童的过程中行使这种权力；

4. “驱逐出境或强行迁移人口”是指在国际法所不允许的情况下，实施驱逐或其他胁迫行为，强迫有关的人迁离其合法居住的地区；

5. “酷刑”是指故意致使在受到羁押或控制下的人的身体或精神遭受重大痛苦；但酷刑不应包括受合法制裁而引起的所固有或附带的痛苦；

6. “强迫怀孕”是指以影响任何人口的族裔构成为目的，或以进行其他严重违反国际法的行为为目的，非法软禁被强迫怀孕的妇女；

7. “迫害”是指违反国际法规定，针对某一团体或集体的特性，故意和严重地剥夺其基本权利；

8. “种族隔离罪”是指一个种族团体对其他任何一个或多个种族团体，在一个有计划地实行压迫和统治的体制化制度下，实施性质与本条第 1 款之罪相同的不人道行为，其目的在于维持该制度的存在；

9. “强迫人口失踪”是指被授权或得到一个国家或政治组织的支持或默许而对人口实施逮捕、拘留或绑架，之后拒绝承认这种剥夺自由的行为，或拒绝透露有关人员的命运或下落，其目的在于延长这些人脱离法律保护的期限；

10. “性别”一词应被理解为社会意义上的男女性别。

第118条　严重违反日内瓦公约的战争犯罪

一、严重违反1949年8月12日日内瓦公约，犯本条第2款第4项、第5项及第7项之规定的，处5年以上监禁或长期监禁；犯本条第2款第1项、第2项、第3项、第6项及第8项之规定的，处10年以上监禁或长期监禁。

二、严重违反1949年8月12日日内瓦公约是指在战争或武力冲突期间实施的，针对受日内瓦公约保护的人员或财产实施下列一个或多个行为：

1. 蓄意谋杀；

2. 酷刑或非人道对待，包括生物实验；

3. 故意对他人身体或健康造成严重痛苦或伤害；

4. 未经军事需要证明正当，故意非法实施大规模破坏和占有财产；

5. 强迫战犯或其他受保护的人为敌对力量服役；

6. 故意剥夺战犯或其他受保护者享受公平合法审判的权利；

7. 非法驱逐或转移以及非法拘禁；

8. 劫持人质。

第119条　严重违反适用于国际武装冲突的法律和惯例的战争犯罪

一、严重违反在既定国际法框架内适用于国际武装冲突的法律和惯例的，犯本条第2款第9项、第13项、第14项、第15项、第16项、第26项、第29项、第30项及第31项之罪的，处5年以上监禁或长期监禁；犯本条第2款第1项、第2项、第3项、第4项、第5项、第6项、第7项、第8项、第10项、第11项、第12项、第17项、第18项、第19项、第20项、第21项、第22项、第23项、第24项、第25项、第27项及第28项之罪的，处10年以上监禁或长期监禁。

二、严重违反在既定国际法框架内适用于国际武装冲突的法律和惯例是指包含一个或多个下列行为：

1. 故意指令攻击平民人口或不直接参加敌对行动的平民个人；

2. 故意指令攻击民用物体，即非军事目标的目标；

3. 故意指令攻击根据联合国宪章而参与人道主义援助或维和任务的人员、设施、物资、单位或车辆，若上述人员根据武装冲突国际法规定应当受到与平民及民用目标同样的保护；

4. 明知攻击会导致平民的生命损失或伤害，毁坏民事目标，对自然环境造成广泛、长期和严重损害，却故意发动这种与其具体和直接的预期整体军事优势相比明显过分的攻击；

5. 使用任何手段攻击或轰炸未设防和不属于军事目标的城镇、村庄、住所或建筑物等；

6. 杀害或伤害已经无条件投降并已放下武器和不再有抵抗手段的交战者；

7. 不当使用停战标志、旗帜，敌人或联合国军事标志和制服以及日内瓦公约所规定的特殊标志，致使人员死亡或重伤；

8. 使用军事占领权，直接或间接转移部分本国人口到其所占领域内；将所占领域以内或以外的全部或部分人口驱逐或转移；

9. 故意指令攻击用于宗教、教育、艺术、科学或慈善事业的建筑物、历史古迹、医院和其他伤病员聚集的地方，除非这些地方是军事目标；

10. 并非为了被冲突另一方所控制的人员的利益，强迫其接受任何种类的即未经医学、牙医学或住院治疗有关人员证明为正当的，导致其死亡或严重威胁其健康的物理切割、医学或科学实验；

11. 残忍杀害或伤害属于敌对国家或军队的个人；

12. 宣布格杀勿论命令；

13. 毁坏或抢夺敌人财产，除非这些行为是战争所需被迫的；

14. 在法庭宣布废除、中止或拒绝承认敌方国民的权利和行为；

15. 强迫敌方国民参加针对他们自己国家的行动，即使在战争开始前他们已经服务于交战国；

16. 洗劫一个城镇或地方，特别是采取殴打之方式予以实施；

17. 使用毒品或有毒武器；

18. 使用带有窒息性、毒性或其他气体以及所有类似的液体、物质或器件；

19. 使用在人体内容易扩张或变形的子弹，如拥有不完全覆盖内核坚硬外壳的子弹或切口穿透的子弹；

20. 使用武器、弹射物、物质和具有引起无所谓伤害或不必要痛苦的或肆意违反国际武装冲突法的本质的战争方法，包括化学武器、生物武器、不可检测碎片、隐蔽激光武器、诱杀装置等1980年10月10日公约第二议定书所界定的禁止或限制使用某些有可能导致超强杀伤力或具有滥杀滥伤无辜的常规武器；

21. 侵犯个人尊严，特别是对其实施侮辱性和有辱人格的待遇；

22. 实施强奸、性奴役、强迫卖淫、强迫怀孕、强迫绝育及任何同时构成严重违反日内瓦公约的其他形式的性暴力；

23. 为使某些地点、区域、军事力量免遭军事行动，而使用平民或其他受保护人作为人体盾牌；

24. 故意指令攻击有和国际法相一致的标有或佩戴日内瓦公约明显标志的建筑物、物质、医疗单位和运输工具、宗教人士；

25. 故意把让平民挨饿作为战争方法使用，这种方法是指剥夺平民赖以生存的物体，包括故意阻断根据日内瓦公约提供的经济援助；

26. 征募未满 15 岁的儿童加入国家武装力量或利用他们参加敌对行动；

27. 明知会导致大量生命丧失、平民受伤或民用目标破坏，而故意发动针对能够产生大规模破坏性危险的工程或装置的攻击；①

28. 故意发起滥杀无辜的没有具体军事目标的攻击，使用没有具体军事目标的战斗方法或手段，或者使用了其影响不能够限制在 1949 年 8 月 12 日日内瓦公约附属第一协议要求的战斗方法或手段，其本质和后果是不加区分地打击军事目标、平民目标和平民；

29. 实施奴役和奴隶贸易；

30. 实施集体惩罚；

31. 强迫被占领域上的人口改变国籍或宣誓对敌效忠。

第 120 条　严重违反日内瓦公约所共有的第 3 条的战争犯罪

一、严重违反 1949 年 8 月 12 日所制定的 4 个日内瓦公约所共有的第 3 条之规定的，处 5 年以上监禁或长期监禁。

二、严重违反 1949 年 8 月 12 日所制定的 4 个日内瓦公约所共有的第 3 条是指在非国际性武装冲突的环境下施行了一个或多个针对不积极参加敌对行动人员的下列行为。这些人员包括已经

① 如大坝、核电站、燃气站、油库等设施。——译者注

放下武器的武装力量，由于疾病、伤痛、拘留及其他原因失去战斗力的人：

1. 对生命及人身施以暴力，特别是各种谋杀、虐待及酷刑；

2. 侵犯个人尊严，特别是对其实施侮辱性和有辱人格的待遇；

3. 劫持人质；

4. 未经正规组成法庭公布先期判决，通过判决和执行死刑。而正规组成的法庭能够提供一般公认的不可缺少的司法保障。

三、本条不应当适用于具有国际特点的武装冲突，也不适用于内部骚乱和冲突，如暴乱、孤立和零星的暴力行为或其他类似性质的行为等。

第 121 条　严重违反适用于非国际性武装冲突的法律和惯例的战争犯罪

一、在建立的国际法框架内严重违反适用于非国际性武装冲突的法律和惯例的，犯本条第 2 款第 4 项、第 5 项、第 7 项、第 12 项、第 23 项之罪的，处 5 年以上监禁或长期监禁；犯本条第 2 款第 1 项、第 8 项、第 9 项、第 10 项、第 11 项、第 13 项、第 14 项、第 15 项、第 16 项、第 17 项、第 18 项、第 19 项、第 20 项、第 21 项及第 22 项之罪的，处 10 年以上监禁或长期监禁。

二、在建立的国际法框架内严重违反适用于非国际性武装冲突的法律和惯例是指含有一项或多项下列行为：

1. 故意指令攻击平民人口或不直接参加敌对行动的平民个人；

2. 故意指令攻击民用物体，即非军事目标的目标；

3. 故意指令攻击根据联合国宪章而参与人道主义援助或维和任务的人员、设施、物资、单位或车辆，若上述人员根据武装冲突国际法规定应当受到与平民及民用目标同样的保护；

4. 故意指令攻击用于宗教、教育、艺术、科学或慈善事业的建筑物、历史古迹、医院和其他伤病员聚集的地方，除非这些地方是军事目标；

5. 洗劫一个城镇或地方，特别是采取殴打之方式予以实施；

6. 实施强奸、性奴役、强迫卖淫、强迫怀孕、强迫绝育及任何同时构成严重违反《日内瓦公约》的其他形式的性暴力；

7. 征募未满 15 岁的儿童加入国家武装力量或利用他们参加敌对行动；

8. 以与冲突有关的原因命令驱逐平民人口，除非是为了平民的安全或紧迫的军事理由下此命令；

9. 以残忍杀害或伤害属于敌对国家或军队的个人；

10. 宣布格杀勿论命令；

11. 并非为了被冲突另一方所控制的人员的利益，强迫其接受任何种类的即未经医学、牙医学或住院治疗有关人员证明为正当的，导致其死亡或严重威胁其健康的物理切割、医学或科学实验；

12. 毁坏或抢夺敌人财产，除非这些行为是战争所需被迫的；

13. 使用任何手段攻击或轰炸未设防和不属于军事目标的城镇、村庄、住所或建筑物等；

14. 故意指令攻击民用物体，即非军事目标的物体；

15. 明知攻击会导致平民的生命损失或伤害，毁坏民事目标，对自然环境造成广泛、长期和严重损害，却故意发动这种与其具体和直接的预期整体军事优势相比明显过分的攻击；

16. 故意发起没有具体军事目标的随意攻击，采用没有具体军事目标的战斗方式、方法，或者采用由于结果无法限制所以特征是毫不区分地打击军事目标、平民及平民目标的战斗方式或方法；

17. 为使某些地点、区域、军事力量免遭军事行动而使用平民或其他受保护人作为人体盾牌；

18. 故意把让平民挨饿作为战争方法使用，这种方法是指剥夺平民赖以生存的物体，包括故意阻断根据日内瓦公约提供的经济援助；

19. 使用毒物或有毒武器；

20. 使用带有窒息性、毒性或其他气体以及所有类似的液体、物质或器件；

21. 使用在人体内容易扩张或变形的子弹，如拥有不完全覆盖内核坚硬外壳的子弹或切口穿透的子弹；

22. 使用武器、弹射物、物质和具有引起无所谓伤害或不必要痛苦的或肆意违反国际武装冲突法的本质的战争方法，包括化学武器、生物武器、不可检测碎片、隐蔽激光武器、诱杀装置等1980 年10 月10 日公约第二议定书所界定的禁止或限制使用某些有可能导致超强杀伤力或具有滥杀滥伤无辜的常规武器；

23. 实施奴役或奴隶贸易；

24. 实施集体惩罚。

三、本条不应当适用于具有国际特点的武装冲突，也不适用于内部骚乱和冲突，诸如暴乱、孤立和零星的暴力行为或其他类似性质的行为等。当在当局部门和有组织的武装集团之间或这种集团之间发生拖延的武装冲突时，本条也适用于发生在一国境内的武装冲突。

第 122 条　非国际武装冲突中攻击装有危险品的设施

违反非国际性武装冲突法律和惯例，明知会导致过量生命损失、伤害平民或破坏民用物体，而故意攻击装有危险品的工厂、设施的，处 10 年以上监禁或长期监禁。

第 123 条　招募 15 岁至 18 岁之间的人参加武装冲突

招募 15 岁至 18 岁之间的人参加武装力量或集团的，或利用他们积极参加国际性武装冲突的战争行动或非国际性的武装冲突的战争行动的，处 6 个月以上 5 年以下监禁。

第 124 条　使用禁止的战争方法手段罪

一、在武装冲突期间实施本法第 119 条第 2 款第 20 项及第 121 条第 2 款第 22 项所没有规定的，但违反国际武装冲突法的战争方法的，处 5 年以上监禁。

二、犯本条第 1 款之罪，并因此而导致 1 人或多人死亡的，处 5 年以上监禁或长期监禁。

第 125 条　无理拖延遣返战俘或平民罪

违反国际法原则，在战争或武装冲突结束后命令或强制无理拖延战俘或平民遣返的，处 6 个月以上 5 年以下监禁。

第 126 条　非法占有战场伤亡者的物品罪

一、命令非法占有战场伤亡者的物品或执行此命令的，处 6 个月以上 5 年以下监禁。

二、以特别野蛮方式犯本条第 1 款之罪的，处 1 年以上 10 年以下监禁。

第 127 条　危害谈判代表罪

违反国际法，在战争或武装冲突期间，侮辱、虐待或拘禁谈判代表或其护送人员，阻止他们返回，或以其他方式侵犯其不可侵犯权利的，处 6 个月以上 5 年以下监禁。

第 128 条　为实施种族灭绝、反人类和战争犯罪而组建犯罪集团罪

一、以施行本法第 116 条至第 124 条之罪为目的，组建犯罪集团的，处 1 年以上 10 年以下监禁。

二、成为本条第 1 款之罪的犯罪集团的成员的，处 1 年以上 5 年以下监禁。

三、本条第 1 款所规定的犯罪集团的成员，在其为该犯罪集团实施犯罪之前，或者协助该犯罪集团实施犯罪之前，揭发该犯罪集团的，处 3 年以下监禁，但法庭也可免除该处罚。

第 129 条　指挥责任

一、军事指挥官或实际代理执行指挥官命令的人，应当对本法第 116 条至第 124 条之罪所涉及的由其命令或控制下或实际监督控制下的部队所实施的罪行负责，作为对其未能妥善控制这些部队的惩罚。主要包括下列情形：

1. 该军事指挥官或该人明知，或由于当时的情形应当知道其部队正在或即将犯下这些罪行；

2. 该军事指挥官或该人未能在其权力范围内采取所有必要合理的措施阻止他们的行为，或者将事件提交主管部门进行调查和起诉。

二、就本条第 1 款中未能涉及的上下级关系而言，上级应当对处于其有效监督或控制的下属所犯下的本法第 116 条至第 127 条规定的罪行承担刑事责任，作为其未能妥善控制其下属的惩罚，主要包括下列情形：

1. 上级明知，或者故意忽视某信息，而该信息清楚表明其下属正在或即将实施这些犯罪；

2. 犯罪涉及处于上级的有效责任和控制范围内的活动；

3. 上级未能在其权力范围内采取一切必要合理措施阻止他们的行为，或者将事件提交主管部门进行调查和起诉。

第 130 条　挑起侵略战争或冲突罪

借助会议或出版、音像录制或任何其他方式公开号召或挑起侵略战争或武装冲突的，处 1 年以上 3 年以下监禁。

第 131 条　滥用国际标志罪

滥用或未经授权携带联合国、红十字或红新月会旗帜或徽标，或这些组织的其他象征性标志的，或滥用、未经授权使用用于保护特定目标免受军事行动的任何其他国际徽标的，处 3 年以下监禁。

第 132 条　劫持飞行器

一、违反 1970 年 12 月 16 日《关于制止非法劫持航空器公约》，登上正在飞行的航空器，通过暴力、威胁或其他恐吓手段非法夺取或执行对飞行器控制的，处 1 年以下监禁。

二、犯本条第 1 款之罪，并因此而导致了 1 人或多人的死亡或飞行器的毁坏，处 5 年以下监禁。

三、犯本条第 1 款之罪时，故意剥夺他人生命的，处 10 年以上监禁或长期监禁。

第 133 条　危害民航安全

一、违反 1971 年 9 月 23 日《关于制止非法危害民航安全公约》，实施危害民用航空安全行为的，处 1 年以上 10 年以下监禁。

二、危害民用航空安全是指实施下列一个或多个行为：

1. 对正在使用中的飞行器上的人实施暴力，且该行为可能危及该飞行器安全的；

2. 破坏正在使用的飞行器或导致该飞行器的损坏，使其不能飞行或可能危及其飞行安全的；

3. 以任何手段在使用中的飞行器内放置某装置或物质，或导致某装置或物质被放置于内，而该装置或物质可能毁灭飞行器或导致损坏使其不能飞行，或者导致损害可能危及其飞行安全的；

4. 摧毁或损坏空中导航设施或干扰其运作，且此行为可能危及航空器飞行安全的；

5. 明知是虚假的信息而进行联络，危及使用中的飞行器安全的；

6. 对国际民用航空机场的服务人员实施暴力行为，导致或者可能导致严重伤害或死亡的；

7. 摧毁或严重损坏服务于国际民航机场设施及停放的未使用的飞行器或扰乱机场服务的，且这种行为危及或可能危及该机场安全的。

三、使用非正常手段操作飞行器的，或不履行与民航安全有关的职责或监督的，处 1 年以上 10 年以下监禁。

四、犯本条第 1 款或第 3 款之罪，并因此而导致 1 人或多人死亡或飞行器毁坏的，处 10 年以上监禁。

五、犯本条第 1 款或第 3 款之罪，故意剥夺他人生命的，处 10 年以上监禁或长期监禁。

六、过失犯本条第 1 款或第 3 款之罪的，处 3 年以下监禁。

七、犯本条第 6 款之罪，并因此而导致 1 人或多人死亡或者飞行器毁坏的，处 1 年以上 8 年以下监禁。

第 134 条　危及海上航行安全

一、违反 1988 年 3 月 10 日《关于制止危及海上航行安全非法行为公约》，实施危及海上安全行为的，处 1 年以上 10 年以下监禁。

二、危及海上安全是指实施下列一个或多个行为：

1. 使用暴力、威胁或其他恐吓手段扣押或控制船舶的；

2. 对船舶上的人实施暴力行为，且该行为可能危及该船舶航行安全的；

3. 毁灭船舶或导致船舶或货物损坏，且可能危及该船舶航行安全的；

4. 以任何手段在船舶内放置某装置或物质，或导致某装置或物质被放置于内，而该装置或物质可能毁灭该船舶或损坏该船舶使其不能航行，或者导致损害可能危及其航行安全的；

5. 毁灭或严重损坏海上航行设施或严重干扰操作，如果任何这种行为可能危及航行安全的；

6. 明知是虚假信息而进行联络，因此危及船舶航行安全的。

三、犯本条第 1 款之罪，并因此而导致 1 人或多人死亡或船舶毁坏的，处 10 年以上监禁。

四、犯本条第 1 款之罪，故意剥夺他人生命的，处 10 年以上监禁或长期监禁。

五、过失犯本条第 1 款之罪的，处 3 年以下监禁。

六、犯本条第 5 款之罪，并因此而导致 1 人或多人死亡或船舶损毁的，处 1 年以上 8 年以下监禁。

第 135 条　危及大陆架固定平台安全

一、违反 1988 年 3 月 10 日《关于制止危及大陆架固定平台安全非法行为议定书》，实施了危及大陆架固定平台安全行为的，处 1 年以上 10 年以下监禁。

二、危及大陆架固定平台安全是指实施下列一个或多个行为：

1. 以暴力、威胁或其他恐吓手段劫持或实施对固定平台的控制；

2. 对位于固定平台上的人实施暴力行为，且该行为可能危及该平台安全的；

3. 毁灭固定平台或导致损坏可能威胁其安全的；

4. 以任何手段在固定平台上放置设施或物质，该设施或物质可能毁灭该固定平台或可能威胁其安全的。

三、犯本条第1款之罪，并因此而导致1人或多人死于固定平台毁坏的，处10年以上监禁。

四、犯本条第1款之罪，故意剥夺他人生命的，处10年以上监禁或长期监禁。

五、过失犯本条第1款之罪，处3年以下监禁。

六、犯本条第5款之罪，并因此而导致1人或多人死亡或固定平台损毁的，处1年以上8年以下监禁。

七、为强迫自然人或法人作为或不作为，威胁实施本条第2款、第3款规定罪行的，处1年以上8年以下监禁。

八、就本条而言，“固定平台”是指为勘探或开采资源或其他经济目的而设置的人工岛或依附于海床的永久性固定装置。

第136条　海盗行为

一、船舶或飞行器（不包括军用或公共船舶或航空器）上的员工或乘客，以为自己或他人谋取物质或非物质利益或以严重伤害他人为目的，违反国际法规则，针对其他船只或飞行器实施非法暴力，或针对位于公海或公共领空领域飞行或航行的船只或飞行器上搭乘的人员或物品实施非法暴力的，处1年以上10年以下监禁。

二、军用或公共船舶或航空器上的员工实施的反抗命令、篡夺船舶或航空器权力的行为，也构成本条第1款之罪。

第137条　建立奴役或类似奴役和强迫劳动状态

一、违反国际法原则，拥有、维持、放置或购买另外一个处于奴役或类似奴役状态或强迫劳动状态的人员的，处 2 年以上 10 年以下监禁和罚金。上述状态包括和某人构建所有关系，否认一个人的劳动成果，否认一个人改变其身份或工作条件的自由。

二、违反国际法原则，为了实施本条第 1 款之罪，鼓动他人公开声明放弃自由或经营买卖人口的，处本条第 1 款规定的处罚。

三、犯本条第 1 款及第 2 款之罪，且受害人与其有家庭关系的，处 3 年以上 10 年以下监禁。

四、犯本条第 1 款及第 2 款之罪，且受害人是儿童的，处 3 年以上 15 年以下监禁。

五、官方人员在行使职责中犯本罪，犯本条第 1 款、第 2 款、第 3 款之罪的，处 5 年以上 12 年以下监禁；犯本条第 4 款之罪的，处 5 年以上 20 年以下监禁。

第 138 条　走私移民罪

一、参与走私移民犯罪的，处 2 年以上 12 年以下监禁。

二、为能够走私移民、直接或间接获得经济或其他物质利益而制造、采购、拥有或提供欺诈性旅行证件或身份证件的，处 5 年以下监禁。

三、通过本条第 2 款规定的方法或其他不合法手段，使不属于科索沃居民的人能够居留在科索沃的，或使不属于有关国家的公民或永久居民没有按照必要法律要求居留在该国的，处 1 年以下监禁。

四、本条第 3 款之罪，处罚未遂。

五、组织或指令他人犯本条第 1 款、第 2 款、第 3 款之罪的，处 5 万欧元罚金，并处 7 年以上 20 年以下监禁。

六、以犯罪集团成员身份犯本条第 1 款、第 2 款、第 3 款之罪的，或以危及或可能危及有关移民的生命、安全的方式实施的，或者以给上述移民带来不人道或有辱人格的待遇方式实施，包括对上述移民进行剥削的，处2年以上10年以下监禁。

七、就本条而言：

1. “走私移民”是指为了获得直接或间接的经济或其他物质利益，将非科索沃居民偷运到科索沃，或将并非某国国民或永久居民的人偷运进该国的行为。

2. “非法进入”是指没有按照合法进入科索沃的必要要求通过科索沃的边境或边界，或者没有按照合法进入某国的必要要求通过该国边界。

3. “欺骗性旅行证件或身份证件”是指下述任何旅行证件或身份证件：

a. 由合法授权制作或签发旅行证件或身份证件的个人或组织以外的人伪造、变造的；

b. 通过歪曲事实、贿赂、强迫或其他非法手段不当签发或获取的；

c. 非本人正在使用的。

八、作为本条之罪的对象的上述移民，根据本条不承担刑事责任。

第139条　贩运人口

一、参与贩运人口的，处2年以上12年以下监禁。

二、犯本条第1款之罪，且其犯罪对象是18岁以下的人的，处3年以上15年以下监禁。

三、组织一批人犯本条第1款之罪的，处5万欧元罚金，并处7年以上20年以下监禁。

四、过失而为贩运人口提供便利的，处6个月以上5年以下监禁。

五、明知某人是贩运人口的受害者，而使用该人或促使该人进行性服务的，处3个月以上5年以下监禁。

六、犯本条第5款之罪，且其犯罪对象是18岁以下的人的，处2年以上10年以下监禁。

七、当官方人员在行使职责时犯本条之罪的，犯本条第1款、第2款之罪的，处5年以上15年以下监禁；犯本条第3款之罪的，处10年以上监禁；犯本条第4款、第5款之罪的，处2年以上7年以下监禁；犯本条第6款之罪的，处5年以上12年以下监禁。

八、就本条和本法第140条而言：

1. “人口贩运”是指以剥削为目的而招募、运输、转移、窝藏或接收人员，其手段包括威胁、使用暴力或其他形式的胁迫、诱拐、欺诈、欺骗、滥用权力、授受酬金或利益等获得控制他人的同意；

2. 本款第1项所指的“剥削”应当包括但不限于剥削他人卖淫或其他形式的性剥削，强迫劳动或服务、奴役或类似奴役的实践、劳役或切除器官；

3. 贩运人口的受害人对故意剥削的同意，应当与本款第1项列出的用于受害人的任一手段没有任何关联；

4. 为了剥削而招募、运输、转移、窝藏或接收儿童的，应当被认为是贩卖人口，即使和本款第1项所列出的任何一种手段都无关。

第140条　拒给奴役、贩卖人口受害者身份证件罪

一、代理或声称代理他人的雇主、经理、承包人或雇用代理，明知他人是本法第137条和第139条之罪的受害人而拒绝归还该人的身份证件、护照的，处1年以上5年以下监禁。

二、当官方人员行使其职责时犯本条第1款之罪的，处3年以上7年以下监禁。

第141条　危害受国际保护人员罪

一、故意剥夺受国际保护人员生命的，处7年以下监禁。

二、参与绑架、攻击受国际保护人员的人身、自由的，处1年以上10年以下监禁。

三、参与暴力袭击受国际保护人员的官方住宅、私人住处或交通工具，而这种袭击可能危及人身及自由的，处1年以上10年以下监禁。

四、严重威胁实施本条第1款、第2款、第3款之罪的，处1年以上5年以下监禁。

五、组织或命令他人犯本条第1款、第2款、第3款之罪的，处3年以上5年以下监禁。

六、犯本条第2款、第3款之罪，并因此而导致了1人或多人的死亡的，处5年以上监禁。

七、就本条而言，“受国际保护人员”是指：

1. 国家元首，包括根据相关国宪法所规定的任何履行元首职责的人，政府首脑或外交部部长及其陪同家庭成员，上述任意人员在国外的任何期间均属于受国际保护人员；

2. 一个国家的任意代表或官员或其他跨政府性质的国际组织的官员或其他代理人，在针对其官方住宅、私人住所或交通工具的犯罪发生时，其人身、自由、尊严及住户组成部分的家庭成员根据国际法有权利得到特殊保护。

第142条　危害联合国人员及有关人员罪

一、故意剥夺联合国人员或有关人员生命的，处7年以下监禁。

二、参与绑架或攻击联合国人员或有关人员的人身、自由的，处 1 年以上 10 年以下监禁。

三、参与暴力袭击联合国人员或有关人员的官方住宅、私人住所或交通工具，且此袭击可能危及其人身或自由的，处 1 年以上 10 年以下监禁。

四、严重威胁实施本条第 1 款、第 2 款、第 3 款犯罪的，处 1 年以上 5 年以下监禁。

五、犯本条第 2 款、第 3 款之罪，并因此而导致 1 人或多人死亡的，处 5 年以上监禁。

六、就本条而言：

1. “联合国人员”是指：

a. 被联合国秘书长雇用派遣的军事成员，联合国行动的警察和民事组成部分；

b. 联合国任务有关的官员和专家或其以官方身份在联合国行动的地区正在履行官方职能的专门机构或国际原子能机构。

2. “有关人员”是指：

a. 一国政府或跨政府组织与联合国主管部门达成协议后派遣的人员；

b. 被联合国秘书长、专门机构或国际原子能机构雇用的人员；

c. 非政府人道组织或机构在与联合国秘书长、专门机构或国际原子能机构达成协议情况下派遣的参与完成联合国行动任务的人。

3. “联合国行动”是指由联合国主管机关根据联合国宪章建立的行动。该行动在联合国监督和控制下执行，并且：

a. 该行动的目的是为了维持或恢复国际和平与安全；

b. 为了1994年12月9日《联合国人员和有关人员安全公约》的目的，安理会或联合国大会声明参加该行动人员的安全存在特殊危险。

第143条　劫持人质

一、为了强迫自然人、法人或一群人实施某种作为或不作为（该作为是某种明示或默示可以释放他人的条件），扣押或拘留并威胁杀害、伤害或继续扣留他人的，处3年以下监禁。

二、犯本条第1款之罪，并因此而导致人质死亡的，处5年以上监禁。

三、犯本条第1款之罪，故意剥夺人质生命的，处10年以上监禁或长期监禁。

第144条　非法占有、使用、转移或处理核物质

一、未经批准，接受、拥有、使用、转移、篡改、处置或散播核材料，导致或可能导致任何人死亡或重伤或大量财产损失的，处1年以上8年以下监禁。

二、犯本条第1款之罪，并因此而导致1人或多人死亡或重大物质损失的，处5年以上监禁或长期监禁。

三、过失犯本条第1款、第2款之罪，犯第1款之罪的，处7年以上监禁；犯第2款之罪的，处3年以下监禁。

四、实施盗窃、抢劫或挪用核材料，或通过使用暴力或威胁及其他任何形式的恐吓方式要求得到核材料的，处5年以下监禁。

第145条　威胁使用或偷窃或抢劫核材料

一、威胁使用核材料，并因此而导致任何人死亡或重伤或重大财产损失的，处1年以上8年以下监禁。

二、以实施盗窃、抢劫核材料相威胁，故意强迫自然人或法人实施某种作为或不作为的，处5年以上15年以下监禁。

三、犯本条第2款之罪，并因此而导致1人或多人死亡或重大物质损失的，处5年以上监禁或长期监禁。

第十五章 侵害生命、身体的刑事犯罪

第146条 谋 杀

剥夺他人生命的，处5年以下监禁。

第147条 谋杀加重犯

任何人实施了下列行为的，处10年以上或长期监禁：

1. 剥夺儿童生命；

2. 明知已怀孕妇女而剥夺其生命；

3. 以残忍或欺骗方式剥夺他人生命；

4. 剥夺他人生命或企图威胁1人或多人生命安全；

5. 实施残忍、暴力行为而剥夺他人生命；

6. 出于种族、民族或宗教动机而剥夺他人生命；

7. 为了获得某种物质利益而剥夺他人生命；

8. 为了实施或掩盖另一罪行而剥夺他人生命；

9. 出于报复或其他不良动机而剥夺他人生命；

10. 针对执行保护法律秩序、捍卫人身或财产安全、破获刑事犯罪、抓捕刑事犯罪的人员以及履行看守被剥夺自由者或维护公共秩序与和平等职责的人员，剥夺其生命；

11. 实施 2 次或 2 次以上的故意杀人，本法第 148 条和第 150 条之罪除外；

12. 故意剥夺他人生命且此前因谋杀被宣判有罪，本法第 148 条和第 150 条之罪除外。

第 148 条　精神错乱状态下的谋杀

并非出于自身过错而形成的精神错乱，而是由于受到被害者的袭击、虐待或严重侮辱而进入严重休克状态的情况下，剥夺他人生命的，处 1 年以上 10 年以下监禁。

第 149 条　过失杀人

过失剥夺他人生命的，处 6 个月以上 5 年以下监禁。

第 150 条　出生时杀害婴儿罪

在婴儿出生过程中或出生刚结束时，婴儿的母亲由于受到分娩而引起的精神失调影响，剥夺婴儿生命的，处 3 个月以上 3 年以下监禁。

第 151 条　教唆或帮助自杀

一、教唆或帮助他人自杀并且自杀成功的，处 3 个月以上 5 年以下监禁。

二、犯本条第 1 款之罪的，当其犯罪对象是未成年人或该人理解其行为的严重性或控制自己行为的能力大为减弱时，处 1 年以上 10 年以下监禁。

三、犯本条第 1 款之罪，当其对象是 14 岁以下的人或该人无法理解其行为严重性或无法控制其行为的，依本法第 116 条之规定处罚。

四、以残忍或不人道的方式对待其下属，并因此而引起此人自杀的，处 6 个月以上 5 年以下监禁。

五、作为本条第 1 款至第 4 款之罪的结果，若仅引起自杀未遂的，法庭可以减轻处罚。

第152条 未经允许终止妊娠

一、违反关于终止怀孕的法律规定，在征得孕妇同意的情况下，终止妊娠、开始终止怀孕或协助终止妊娠的，处3个月以上3年以下监禁。

二、未经孕妇同意，终止妊娠或开始终止怀孕的，处1年以上8年以下监禁。

三、犯本条第1款及第2款之罪，并因此而导致怀孕妇女严重身体伤害、严重健康损害或死亡的，犯本条第1款之罪的，处6个月以上5年以下监禁；犯本条第2款之罪的，处3年以上监禁。

第153条 轻微身体伤害

一、使他人身体遭受伤害导致下列结果的，处罚金或1年以下监禁：

1. 暂时损害或破坏该人器官或身体的一部分；
2. 暂时削弱该人的工作能力；
3. 暂时导致该人容貌受损；
4. 暂时损害该人身体健康。

二、使用武器、危险工具或其他能够导致严重身体损害或严重健康损害的物体犯本条第1款之罪的，处3年以下监禁。

三、由于受到受害方的不人道或残暴行为而激怒，并因此而犯本条第1款、第2款之罪的，法庭可判处司法警告。

四、犯本条第1款、第2款之罪，且其犯罪对象与犯罪人有家庭关系时，犯本条第1款之罪的，处3个月以上3年以下监禁；犯本条第2款之罪的，处6个月以上3年以下监禁。

第 154 条　严重身体伤害

一、使他人遭受身体伤害或使他人遭受健康损伤，程度可能导致下列后果的，处 6 个月以上 5 年以下监禁：

1. 危及该人生命；

2. 破坏或永久且大大损害该人器官或身体的一部分；

3. 暂时大大损害该人重要器官或身体重要部分；

4. 暂时毁坏、暂时大幅度削弱或永久削弱该人的工作能力；

5. 暂时严重损害或永久损害该人身体健康的。

二、犯本条第 1 款之罪，并因此导致下列结果的，处 1 年以上 10 年以下监禁：

1. 永久损坏该人任何工作能力的；

2. 给该人导致永久性毁容的；

3. 永久严重损坏该人健康的；

4. 永久破坏该人重要器官或重要身体部位的。

三、犯本条第 1 款、第 2 款之罪，且其犯罪对象与犯罪人有家庭关系时，犯本条第 1 款之罪的，处 1 年以上监禁；犯本条第 2 款之罪的，处 2 年以上监禁。

四、犯本条第 1 款、第 2 款、第 3 款之罪，并因此而导致他人死亡时，处 3 年以上 10 年以下监禁。

五、过失犯本条第 1 款、第 2 款或第 3 款之罪的，犯第 1 款之罪的，处 6 个月以上 2 年以下监禁；犯第 2 款（译者注：或第 3 款）之罪的，处 6 个月以上 3 年以下监禁。

六、并非出于自身过错而形成的精神错乱，而是在由于受到被害人的袭击、虐待或严重侮辱而进入严重休克状态的情况下，犯本条第 1 款、第 2 款或第 3 款之罪的，犯第 1 款之罪的，处 6 个月以上 3 年以下监禁；犯第 2 款（译者注：或第 3 款）之罪的，处 6 个月以上 5 年以下监禁。

第 155 条　参与打架斗殴

一、参与打架斗殴，并因此而导致死亡或 1 人或多人特别严重身体伤害的，处罚金或 1 年以下监禁。

二、如果一个人自身没有过错而仅仅是为了自卫或分开其他参加打架斗殴者，则该人对于本条第 1 款之罪行不承担刑事责任。

第 156 条　拒不提供帮助罪

一、对生命受到直接危害的人拒不提供帮助，即使提供帮助也不会对本人或他人带来危害的，处 1 年以下监禁。

二、对处于致命危险情况或环境下的他人拒不提供帮助，而这种危险正是行为人引起的，处 3 年以下监禁。

三、犯本条第 2 款之罪，并因此而导致处于危险状态人的严重身体伤害或严重健康损伤的，处 6 个月以上 5 年以下监禁。

四、犯本条第 2 款之罪，并因此而导致处于危险状态人死亡的，处 5 年以上监禁。

第 157 条　遗弃残疾者

一、将其托管或照顾下的残疾人置于有生命或健康危险的无助环境下的，处 3 个月以上 3 年以下监禁。

二、犯本条第 1 款之罪，并因此而导致被置于无助状态之人严重身体或健康损伤的，处 6 个月以上 5 年以下监禁。

三、犯本条第 1 款之罪，并因此而导致被置于无助状态之人死亡的，处 5 年以上监禁。

第十六章　侵犯个人自由和权利的刑事犯罪

第 158 条　侵犯科索沃居民平等地位

一、基于种族、肤色、性别、语言、宗教信仰或非信仰、政治或其他观点、国籍或社会出身、财产、出生、教育、社会地位或其他个人特征或附属于种族、宗教或科索沃语言社区的特征，非法剥夺或限制宪法框架及使用法律规定的科索沃居民自由或权利，或者基于此类差异或关联而非法给予科索沃居民任何特权或优势的，处 6 个月以上 5 年以下监禁。

二、剥夺或限制种族、宗教或科索沃语言社区成员自由表达身份或享受自治的，处 6 个月以上 5 年以下监禁。

三、违反法律关于使用语言文字的规定，剥夺科索沃居民自由使用语言文字的，处罚金或 1 年以下监禁。

四、官方人员在执行职责时犯本条第 1 款及第 2 款之罪的，处 1 年以上 7 年以下监禁；犯本条第 3 款之罪的，处 6 个月以上 3 年以下监禁。

第 159 条　绑　　架

一、绑架他人，故意强迫该人或他人实施作为或不作为或默许某行为的，处 6 个月以上 5 年以下监禁。

二、犯本条第 1 款之罪，且其犯罪对象是儿童，并且作为团伙成员而实施，或以死亡或严重损害被绑架者健康相威胁而实施的，处 1 年以上 10 年以下监禁。

三、在实施绑架的要求完成前主动释放被绑架者的，可以从轻处罚或者免除处罚。

第 160 条　强　　迫

一、以暴力或严重威胁等手段强迫他人实施或不实施某行为或默许某行为的，处罚金或 6 个月监禁。

二、犯本条第 1 款之罪，且受害人是儿童，或与受害人有家庭关系的，处 3 个月以上 5 年以下监禁。

三、以犯罪集团成员身份犯本条第 1 款之罪的，处 3 个月以上 5 年以下监禁。

四、犯本条第 1 款、第 2 款之罪的，依被害人建议方可提起公诉。

第 161 条　威　　胁

一、为恐吓或引起他人忧虑而严重威胁要伤害他人的，处罚金或 6 个月以下监禁。

二、严重威胁剥夺他人生命、严重伤害他人身体、绑架或剥夺他人自由，或以放火、爆炸或其他任何危险方式使他人遭受伤害的，处罚金或 1 年以下监禁。

三、犯本条第 1 款、第 2 款之罪，且受害人是儿童，或与受害人有家庭关系的，犯本条第 1 款之罪的，处罚金或 1 年以下监禁；犯本条第 2 款之罪的，处罚金或 2 年以下监禁。

四、犯本条第 1 款或第 2 款之罪，其受害人系正在履行职责的官方人员，或受害人为多人，且上述人员导致了严重精神紊乱，或其在延续的一段时期内因此处境变得困难，或作为犯罪集团成员实施威胁的，处 3 个月以上 3 年以下监禁。

五、犯本条第 1 款、第 2 款或第 3 款之罪的，依被害人之建议方可提起公诉。

第162条　非法剥夺自由

一、非法监禁、拘留或以其他方式剥夺他人自由的，处罚金或1年以下监禁。

二、本条第1款之罪，处罚未遂。

三、当非法剥夺他人自由持续超过30天，或以异常残忍方式实施，或导致了被非法拘留者健康严重受损或其他严重后果的，处3个月以上5年以下监禁。

四、犯本条第1款或第3款之罪，且受害人是儿童，或与受害人有家庭关系的。犯本条第1款之罪的，处3个月以上5年以下监禁；犯本条第3款之罪的，处1年以上8年以下监禁。

五、官方人员在执行其职责时，犯本条第1款或第3款之罪的，处3个月以上5年以下监禁。

六、犯本条第1款或第3款之罪，并因此而导致了被非法剥夺自由者死亡的，处5年以上监禁。

第163条　强迫获取口供

一、官方人员在行使职责过程中，使用暴力、威胁或其他禁止方式、方法强迫嫌疑人、被告人、证人、专家及其他人作出声明或其他宣言的，处3个月以上5年以下监禁。

二、使用严重暴力犯本条第1款之罪，或为强迫获取证据而对嫌疑人或证人在刑事诉讼中导致严重危害后果的，处1年以上10年以下监禁。

第164条　不当履行职责

一、官方人员在履行职责时不公正对待、恐吓或侮辱他人的，处3个月以上3年以下监禁。

二、针对儿童，犯本条第1款之罪的，处1年以上5年以下监禁。

第165条　酷　　刑

一、官方人员，或受官方人员唆使，经官方人员同意或默许的人员，实施了酷刑行为的，处5年以上15年以下监禁。

二、酷刑行为是指故意导致某人肉体或心灵的剧烈疼痛或痛苦的任何行为或不作为。其目的是为了从此人或第三人获取信息或口供，或为了惩罚此人或第三人所实施的，或怀疑其所实施的某种行为，或为了恐吓或强迫此人或第三人。酷刑行为不包括由合法制裁所引发的，其本身所固有的或伴随的任何作为或不作为。

第166条　违反住宅不可侵犯性

一、非法进入他人住宅或封闭住所的，或经主人要求而拒不离开该住所的，处3年以下监禁。

二、本条第1款之罪，处罚未遂。

三、官方人员在行使职责过程中，犯本条第1款之罪的，处3个月以上3年以下监禁。

第167条　非法搜查

官方人员在履行职责过程中，非法搜查住宅、住所或人身的，处3个月以上3年以下监禁。

第168条　侵犯通信隐私和计算机数据库

一、未经授权，拆开他人信件、电报、传真或其他密封文件或包裹，或以任何其他方式侵犯此类材料隐私，或者未经授权，将某人的信件、电报、传真或其他密封文件或包裹扣发、隐藏、销毁或交付他人的，处罚金或6个月以下监禁。

二、未经授权，侵入他人电脑数据库或使用此数据库获取的数据，或将此数据提供给他人的，处罚金或6个月以下监禁。

三、以为本人或他人获取物质利益，或者为给他人导致损害为目的，犯本条第1款或第2款之罪的，处罚金或1年以下监禁。

四、官方人员在执行职责中，犯本条第1款、第2款或第3款之罪，犯第1款及第2款之罪的，处3个月以上3年以下监禁；犯第3款之罪的，处6个月以上5年以下监禁。

第169条　私自泄露机密资料

一、律师、辩护律师、医师或其他任何人，未经授权，将行使职业时掌握的机密泄露的，处罚金或1年以下监禁。

二、如果某人为了公众利益而泄露了机密信息，并且该公众利益之重要性超过了不泄露机密信息的利益，则其不应当对本条第1款之罪承担刑事责任。

三、犯本条第1款之罪的，依被害人之建议方可提起公诉。

第170条　未经授权搭线窃听和录音

一、未经授权使用特殊设备，对不是说给本人的对话或陈述进行搭线窃听或录音，或使他人了解未经授权搭线窃听或录音的对话或陈述的，处1年以下监禁。

二、官方人员在行使职责过程中，犯本条第1款之罪的，处罚金或2年以下监禁。

三、犯本条第1款之罪的，依被害人之建议方可提起公诉。

四、对用来实施本条第1款之罪的特殊器材应当予以没收。

第171条　未经授权进行拍照或其他录像

一、未经他人同意在私人住所对该人进行拍照、拍摄电影、用录像带录像或其他录像行为，从其本质上而言侵犯了该人隐私权的，或者将这些照片、电影胶片或录像带传递、展示或让第三人得到的，处罚金或1年以下监禁。

二、官方人员在行使职责过程中，犯本条第1款之罪的，处3个月以上3年以下监禁。

三、犯本条第1款之罪的，依被害人之建议方可提起公诉。

第172条 违反秘密或技术监视或调查的指令

一、警务官员在执行司法部门或检察部门下达的秘密或采取技术措施进行监视或调查的指令中，违反刑事诉讼法相关条款之规定的，处罚金或3年以下监禁。

二、因泄露信息而损害秘密或采取技术措施进行监视或调查的指令的执行效果的，处3年以下监禁。

三、负责经营电信、计算机网络或邮政服务的人或金融机构雇员如不采取适当步骤协助执行截取电信、通过计算机网络截取通讯、搜索邮件、测量电话呼叫或透漏财务资料的指令的，将视为触犯刑事法律，处罚金或3年以下监禁。

第173条 阻止或妨碍公共会议罪

一、通过使用暴力、严重威胁、欺骗或其他手段阻止、妨碍他人召集或举行法律授权公民可以参加的公共会议的，处罚金或1年以下监禁。

二、官方人员滥用职权犯本条第1款之罪的，处2年以下监禁。

第174条 阻止行使法律赔偿权利

一、通过使用暴力或严重威胁、阻止他人行使投诉权利或行使其他法律赔偿权利的，处罚金或1年以下监禁。

二、官方人员滥用职权犯本条第1款之罪的，处3个月以上3年以下监禁。

第175条 阻止印刷或分发印刷品

非法阻止印刷、出售或分发书籍、杂志或其他印刷品的，处罚金或1年以下监禁。

第 176 条　阻止行使投票权

在行使受委托的与科索沃选举有关的职责过程中，故意阻止他人行使投票权，不将此人在选举名单上登记或将此人从选举登记名单上除掉的，或以任何其他方法阻止他人行使投票权的，处罚金或 1 年以下监禁。

第 177 条　违反投票者自由决定

通过使用暴力、严重威胁、贿赂或者滥用选民的经济或职业依赖性，影响选民投票或阻止选民在选举中投票的，处 6 个月以上 3 年以下监禁。

第 178 条　滥用选举权

在科索沃选举中，冒用他人名义投票，或在投票之后仍然重复投票或企图重复投票的，处罚金或 1 年以下监禁。

第 179 条　侵犯选举机密

一、在科索沃举行的选举中侵犯选举机密的，处罚金或 6 个月以下监禁。

二、通过使用暴力、严重威胁或以其他任何方式要求他人透露投票情况的，处罚金或 1 年以下监禁。

三、中央选举委员会成员或其他在选举或投票中行使职责的人员，犯本条第 1 款之罪的，处 3 年以下监禁。

第 180 条　选举欺诈

通过增加、减少或删除选票或签名，通过错误计票，通过在选举文件中不正确登记选举结果或以其他方式篡改在科索沃举行的选举结果，或公布与实际投票情况不符的选举或投票结果的，处 6 个月以上 5 年以下监禁。

第 181 条　毁灭选举文件

一、在科索沃举行的选举中，毁灭、隐藏、破坏或拿走任何文件或与选举有关的任何其他物品的，处罚金或1年以下监禁。

二、官方人员在履行与选举有关的职责时，犯本条第1款之罪的，处2年以下监禁。

第十七章　侵犯劳动关系权利的刑事犯罪

第182条　侵犯劳动关系权利

明知违背法律或与雇佣或终止劳资关系、薪金或其他收入、劳动长度、假期或缺勤、妇女、儿童或残疾人保护、加班或夜班等有关的集体合同，并以这种方式剥夺或限制雇员所应享有权利的，处罚金或1年以下监禁。

第183条　侵犯工作或失业权利

一、剥夺或限制法律所确认的职工在平等条件下自由工作的权利的，处罚金或1年以下监禁。

二、不遵守失业者权利法，并以这种方式剥夺或限制失业者应当享有权利的，依本条第1款之规定处罚。

第184条　侵犯工人参加管理权利

违反法律，阻碍工人参与管理权利，或使工人不可能行使参与管理权利或滥用该权利的，处罚金或1年以下监禁。

第185条　侵犯社会保险权利

明知违背法律或与缴款、退休、残疾保险或其他形式的社会保险有关的集体合同，并以这种方式剥夺或限制工人所应享有的权利的，处罚金或1年以下监禁。

第186条 危害工作场所安全

一、毁坏、损坏或移动矿山、工厂、建筑工地及其他工作场所的安全设施，并因此而危及人们生命安全的，处3年以下监禁。

二、在矿山、工厂、建筑工地或其他任何工作场所负责工作场所安全和健康的人员，未能安装安全设施，未能维护这些设施或未能按照工作场所安全措施技术规则操作，并因此而危及人们生命安全的，处2年以下监禁。

三、过失犯本条第1款、第2款之罪的，处1年以下监禁。

四、犯本条第1款、第2款或第3款之罪，并因此而导致1人或多人重伤的。犯本条第1款、第2款之罪的，处5年以下监禁；犯本条第3款之罪的，处3年以下监禁。

五、犯本条第1款、第2款或第3款之罪，并因此而导致1人或多人死亡的。犯本条第1款、第2款之罪的，处1年以上12年以下监禁；犯本条第3款之罪的，处1年以上8年以下监禁。

第十八章 侵犯荣誉和名誉的刑事犯罪

第187条 侮 辱

一、侮辱他人的，处罚金或3个月以下监禁。

二、在下列情形下，行为人不承担本条第1款的刑事责任：

1. 如果该人在科学、艺术、文学作品中，在严肃的评论中，在执行其官方职责、记者职业、政治活动或其他社会活动中，或在保护权利和合法利益中以侮辱的方式描述他人；

2. 如果根据表达方式及其他相关情形，该行为明显没有诬蔑他人的意图。

三、如果受侮辱人对侮辱进行了回应，则法庭可以对一方或有关双方处罚或免除处罚。

第 188 条　诋毁名誉

一、明知陈述不真实，却仍然宣扬或传播这些关于他人的不实陈述，并因此而损害他人名誉的，处罚金或 3 个月以下监禁。

二、如果行为人宣扬或传播的陈述是真实的，或者其有充分理由相信该陈述的真实性的，则该人不承担本条第 1 款的刑事责任。

第 189 条　泄露个人或家庭情况

一、宣扬或传播与某人或其家庭生活的私密信息，并因此而可能损害其名誉的，处罚金或 3 个月以下监禁。

二、除本条第五段的情形之外，被宣扬或传播的与某人或其家庭生活的私密信息是否真实，可以不在法庭上检验。[①]

三、在下列情形下，行为人不承担本条第 1 款的刑事责任：

1. 如果该行为是在执行公务、政治或其他社会活动、保卫权利或保护合法利益过程中实施的；

2. 宣扬或传播的信息是真实的，或者其有正当理由相信此信

① 事实上，此处所指的“本条第五段”应当表述为“本条第 3 款第 2 项”。此处之原文为：“The veracity or falsity of the information asserted or circulated which is related to thepersonal or family life of a person may not be examined in court, except in the case provided for in paragraph 5 of the present article.”而由于原文并未严格按照通常情况下，法条不是按照条、款、项等结构顺序指引其内容，而是用了“in paragraph 5 of the present article”，即“本条第五段”。因此，译文也遵照原文，而未采用规范意义上的“本条第 3 款第 2 项”的表述。——译者注

息是真实的。

第 190 条　侵害名誉及声誉刑事犯罪的起诉

一、本法第 187 条至第 189 条之罪，告诉的才处理。

二、针对死者犯本法第 187 条至第 189 条之罪的，应当由该死者的配偶、子女、父母、养父母或同胞兄弟姐妹提起自诉。

第 191 条　公布判决

在对通过出版社或借助其他公共信息或通讯手段而实施的诽谤罪进行处罚时，法庭可以应受害方的请求，责令被判决有罪者部分或全部承担公布判决的费用。

第十九章　侵犯性完整刑事犯罪

第 192 条　与侵犯性完整刑事犯罪相关的定义

就本章而言：

一、“同意”是指已满 16 岁的人自觉同意当前的性交。下列情形不属于同意：

1. 此人通过语言或行动表示不同意参加或继续参加性交；

2. 同意是通过某人而不是该受害人的语言或行动表达的；

3. 此人的同意是通过欺骗、吓唬或恐吓等得到的，这些手段不包括使用本法第 193 条第 2 款所规定的暴力、威胁、剥削等；

4. 此人因受酒精、毒品或其他精神制品等麻醉而不具有同意性交能力。

二、不同意的情形，并不应当仅限于本条第 1 款之规定。

三、“性交”是指用性器官对他人身体任何部位的插入，或者用任何物体或人的其他任何部位对他人的肛门或生殖器口的插入。

四、“使他人接受性交”是指行为人对他人实施性交，或引诱他人与行为人或第三人发生性交，或者引诱第三人对他人实施性交。

五、“抚摸”是指某人身体与他人身体任何部位或物体的没有任何插入的直接或间接的接触。

六、“儿童色情视图”是指直观描写未满 18 岁的人参加赤裸性交的色情材料，看起来不满 16 岁的人参加赤裸性交的色情材料或展现不满 16 岁的人参加赤裸性交的真实影像。

七、“卖淫”是指为换取报酬、物质或服务而提供性服务。

第 193 条 强 奸

一、未经他人同意，强行与其进行性交的，处 2 年以上 10 年以下监禁。

二、通过下列手段，强行与他人进行性交的，处 3 年以上 10 年以下监禁：

1. 使用暴力；
2. 以当场危及他人或其生命或身体相威胁；
3. 利用他人所处的无保护或其不安全状态。

三、在下列一种或多种情形下，犯本条第 1 款、第 2 款之罪的，处 5 年以上 15 年以下监禁：

1. 犯罪之前、同时或之后实施酷刑或非人道对待的；
2. 导致受害人严重身体伤害或严重精神或健康紊乱的；
3. 使用了武器或危险器材的；
4. 故意导致受害人由酒精、毒品或其他精神制品成瘾的；

5. 1 人以上共同实施犯罪的；

6. 明知受害人由于年纪大、身体或精神紊乱、伤残或怀孕而特别虚弱的；

7. 犯罪人是受害人的父（母）、养父（母）、继父（母）、祖父（母）、叔（舅）、姑（姨）及年长的兄弟姐妹，并且受害人的年龄在 16 岁到 18 岁之间；

8. 犯罪人与受害人有家庭关系，并且受害人年龄在 16 岁到 18 岁之间。

四、犯本条第 1 款或第 2 款之罪，其受害人未满 16 岁的，处 5 年以上 20 年以下监禁。

五、犯本条第 1 款或第 2 款之罪，并因此而导致受害人死亡的，处 10 年以上或长期监禁。

第 194 条　以损害名誉或声誉相威胁实施性交

通过泄露可能严重损害他人名誉或声誉，或与其关系紧密的人的名誉或声誉的事情相威胁，强行与其发生性交的，处 6 个月以上 5 年以下监禁。

第 195 条　性骚扰

一、未经他人同意，为满足性欲而抚摸他人的，或为满足性欲而引诱他人抚摸自己或第三人的，处罚金或 6 个月以上 5 年以下监禁。

二、为满足性欲，以下列方式抚摸他人，或为满足性欲引诱他人抚摸自己或第三人的，处 1 年以上 7 年以下监禁：

1. 使用暴力；

2. 以当场危及他人生命或身体相威胁；

3. 利用他人所处的无保护或其不安全状态。

三、在下列一种或多种情形下，犯本条第 1 款、第 2 款之罪的，处 3 年以上 10 年以下监禁：

1. 犯罪之前、犯罪同时或之后实施酷刑或非人道对待的；

2. 导致受害人严重身体伤害或严重的精神或健康紊乱的；

3. 使用了武器或危险器材的；

4. 故意导致受害人酒精、毒品或其他精神制品成瘾的；

5. 1 人以上共同实施犯罪的；

6. 明知受害人由于年纪大、身体或精神紊乱、伤残或怀孕而特别虚弱的；

7. 犯罪者是受害人的父（母）、养父（母）、继父（母）、祖父（母）、叔（舅）、姑（姨）及年长的兄弟姐妹，并且受害人的年龄在 16 岁到 18 岁之间；

8. 犯罪人与受害人有家庭关系，并且受害人年龄在 16 岁到 18 岁之间。

四、犯本条第 1 款或第 2 款之罪，其受害人未满 16 岁的，处 5 年以上 10 年以下监禁。

五、当本条第 1 款或第 2 款规定的犯罪导致了受害人死亡的，处 10 年以上监禁或长期监禁。

第 196 条　亵渎性尊严

一、未经他人同意，引诱他人曝露身体的隐秘部位的，对他人实施手淫的，或实施其他亵渎性尊严行为的，处罚金或 6 个月以上 1 年以下监禁。

二、以下列方式引诱他人曝露身体的隐秘部位，对他人实施手淫的，或实施其他亵渎性尊严行为的，处罚金或 6 个月以上 3 年以下监禁：

1. 使用暴力；

2. 以当场危及他人或以其生命、身体相威胁；

3. 利用他人所处的无保护或其不安全状态。

三、当本条第 1 款、第 2 款规定的犯罪是在下列一种或多种情形下实施时，处 1 年以上 3 年以下监禁：

1. 犯罪之前、犯罪同时或之后实施酷刑或非人道对待的；

2. 导致受害人严重身体伤害或严重的精神或健康紊乱的；

3. 使用了武器或危险器材的；

4. 故意导致受害人酒精、毒品或其他精神制品成瘾的；

5. 明知受害人由于年纪大、身体或精神紊乱、伤残或怀孕而特别虚弱的；

6. 犯罪人是受害人的父（母）、养父（母）、继父（母）、祖父（母）、叔（舅）、姑（姨）及年长的兄弟姐妹，并且受害人的年龄在 16 岁到 18 岁之间；

7. 犯罪人与受害人有家庭关系，并且受害人年龄在 16 岁到 18 岁之间。

四、犯本条第 1 款或第 2 款之罪，其受害人未满 16 岁的，处 1 年以上 5 年以下监禁。

第 197 条　对精神或情绪紊乱者或残疾人进行性虐待

一、利用他人的精神失常或情绪紊乱或残疾，强行与精神或情绪紊乱者或残疾人进行性交的，强迫其与第三人进行性交的，处 1 年以上 10 年以下监禁。

二、利用他人的精神或情绪紊乱或残疾，为满足性欲而抚摸精神失常或情绪紊乱者或残疾人的，或引诱其抚摸自己或第三人的，处 5 年以下监禁。

三、利用他人的精神失常或情绪紊乱或残疾，引诱精神失常或情绪紊乱者或残疾者曝露其身体隐秘部位的，或对其进行手淫对其实施羞辱性完整行为的，处 1 年以下监禁。

四、在下列一种或多种情形下犯本条第 1 款、第 2 款及第 3 款之罪的，犯本条第 1 款、第 2 款之罪的，处 3 年以上 15 年以下监禁；犯本条第 3 款之罪的，处 3 年以下监禁：

1. 犯罪之前、犯罪同时或之后实施酷刑或非人道对待的；

2. 导致受害人严重身体伤害或严重的精神或健康紊乱的；

3. 使用了武器或危险器材的；

4. 故意导致受害人酒精、毒品或其他精神制品成瘾的；

5. 1 人以上共同实施犯罪的；

6. 犯罪人是受害人的父（母)、养父（母)、继父（母)、祖父（母)、叔（舅)、姑（姨）及年长的兄弟姐妹，并且受害人的年龄在 16 岁到 18 岁之间；

7. 犯罪人与受害人有家庭关系，并且受害人年龄在 16 岁到 18 岁之间；

8. 受委托而对受害人进行专业咨询、治疗或照看。

五、犯本条第 1 款或第 2 款之罪，并因此而导致受害人死亡的，处 10 年以上监禁或长期监禁。

第 198 条　对 16 岁以下的人进行性虐待

一、强行与 16 岁以下的人进行性交的，处 1 年以上 10 年以下监禁。

二、为满足性欲而抚摸 16 岁以下的人，或为满足性欲引诱 16 岁以下的人抚摸自己或第三人的，处 5 年以下监禁。

三、引诱 16 岁以下的人曝露其身体隐秘部位，或对其进行手淫，或进行其他羞辱其性完整行为的，处 1 年以下监禁。

四、本条第 1 款、第 2 款或第 3 款规定的行为，两个年龄超过 14 岁但年龄相差不超过 2 年的人，或者虽然他们的年龄相差超过 2 年但这两个人的发育程度没有明显差异的人，同意实施本条第1款、第2款或第3款行为的，不构成犯罪。

五、在下列一种或多种情形下犯本条第1款、第2款及第3款之罪的，犯本条第1款、第2款之罪的，处3年以上15年以下监禁；犯本条第3款之罪的，处3年以下监禁：

1. 犯罪之前、犯罪同时或之后实施酷刑或非人道对待的；

2. 导致受害人严重身体伤害或严重的精神或健康紊乱的；

3. 使用了武器或危险器材的；

4. 故意导致受害人酒精、毒品或其他精神制品成瘾的；

5. 1人以上共同实施犯罪的；

6. 犯罪人是教师、医护人员或被委托养育、教育或照顾受害人的人员；

7. 犯罪人是受害人的父（母）、养父（母）、继父（母）、祖父（母）、叔（舅）、姑（姨）及年长的兄弟姐妹，并且受害人的年龄在16岁到18岁之间；

8. 犯罪人与受害人有家庭关系，并且受害人年龄在16岁到18岁之间。

六、犯本条第1款或第2款之罪，并因此而导致受害人死亡的，处10年以上监禁或长期监禁。

七、虚假承诺婚姻，引诱16岁到18岁之间的人发生性交的，处3个月以上3年以下监禁。

八、犯本条之罪的，自受害人年龄达到18岁之日开始不得予以追诉。

九、犯本条第7款之罪，依被害人之建议方可提起公诉。

第199条　促使16岁以下的人实施性交或性接触

一、为16岁以下的人介绍、提供设施或创造机会与年满18岁的第三人进行性交的，处6个月以上5年以下监禁。

二、为16岁以下的人介绍、提供设施或创造机会为满足性欲而抚摸年满18岁的第三人，或允许年满18岁的第三人为满足性欲而抚摸16岁以下的人的，处6个月以上3年以下监禁。

第200条　滥用职责、权力或职业进行性虐待

一、以下列方式强迫他人进行性交的，处6个月以上5年以下监禁：

1. 滥用自己对受害人或第三人的经济、家庭、社会、健康、就业、教育或其他方面的控制权；

2. 滥用自己对被关押或拘留人和被委托抚养、教育、照看的人的职责或权力；

3. 滥用自己对16岁到18岁之间和被委托给行为人进行抚养、教育、照看的受害人的职责或权力。

二、为满足性欲以下列方式抚摸他人或引诱他人抚摸行为人或第三人的，处6个月以上3年以下监禁：

1. 滥用自己对受害人或第三人的经济、家庭、社会、健康、就业、教育或其他方面的控制权；

2. 滥用自己对被关押或拘留人和被委托抚养、教育、照看的人的职责或权力；

3. 滥用自己对16岁到18岁之间和被委托给行为人进行抚养、教育、照看的受害人的职责或权力。

三、犯本条之罪的，自受害人年龄达到18岁之日开始不得予以追诉。

第201条　为卖淫提供便利条件

一、以卖淫为目的，进行招募、组织、帮助他人或为他人提供卖淫场所的，处罚金或3年以下监禁。

二、在学校或其他供儿童活动的场所周围350米以内的，犯本条第 1 款之罪的，处 6 个月以上 5 年以下监禁。

三、通过暴力、暴力威胁、控制个人或经济处于依赖状态下的他人并强迫此人参与卖淫活动的，处 1 年以上 8 年以下监禁。

四、针对 16 岁到 18 岁之间的人，犯本条第 1 款、第 2 款或第 3 款之罪的，处 1 年以上 10 年以下监禁；针对 16 岁以下的人，犯本条第 1 款、第 2 款或第 3 款之罪的，处 1 年以上 12 年以下监禁。

五、犯本条第 4 款之罪的，自受害人年龄达到 18 岁之日开始不得予以追诉。

第 202 条　制作色情视图时虐待儿童

一、生产儿童色情视图，或在制作或生产色情视图时，让儿童参加含有色情内容的现场表演的，处 1 年以上 5 年以下监禁。

二、出售、分发、推广、展示、转送、提供或让他人得到儿童色情视图的，处 6 个月以上 5 年以下监禁。

三、为本人或他人获取或持有儿童色情刊物的，处 6 个月以上 5 年以下监禁。

四、犯本条之罪的，自受害人年龄达到 18 岁之日开始不得予以追诉。

第 203 条　向 16 岁以下的人展示色情材料

向 16 岁以下的人出售、提供出售或提供含有色情内容的照片、声像资料或其他物品的，或者故意允许其参加含有色情内容的现场表演的，或者故意将其带到这种表演中的，处罚金或 1 年以下监禁。

第 204 条　家庭内的性关系

一、与年满 18 岁的长辈或晚辈，或年满 18 岁的兄弟姐妹进行性交的，处罚金或 3 个月以上 3 年以下监禁。

二、父（母）、养父（母）、寄养父（母）、继父（母）、祖父（母）、叔（舅）或姨（姑）与其年龄在 16 岁到 18 岁之间的子女、养子女、继子女、孙子女、外甥或侄女发生性交的，处 6 个月以上 5 年以下监禁。

三、当年长的兄弟姐妹与年龄在 16 岁到 18 岁之间的兄弟姐妹、养兄弟姐妹、继兄弟姐妹、寄养兄弟姐妹进行性交的，依本条第 2 款之规定，对该年长的兄弟姐妹予以处罚。

四、犯本条第 2 款、第 3 款之罪的，自受害人年龄达到 18 岁之日开始不得予以追诉。

第二十章　侵犯婚姻和家庭的刑事犯罪

第 205 条　重婚罪

一、已结过婚而又与他人结婚的，处 1 年以下监禁。

二、明知他人已经结婚，而又与其结婚的，依本条第 1 款之规定处罚。

三、犯本条第 1 款之罪后，若先前婚姻随即终止或无效的，不应当对该行为起诉，已经提起诉讼的应当终止。

第 206 条　使非法婚姻生效罪

被授权确认有效婚姻关系的官方人员在行使其官方职责时，明知存在法律障碍而使某婚姻关系为法律所禁止或无效，而仍然促成该婚姻的，处罚金或 1 年以下监禁。

第207条　逼婚罪

一、强迫他人结婚的，处1年以下监禁。

二、犯本条第1款之罪，且受害人是儿童的，处6个月以上3年以下监禁。

第208条　与16岁以下的人同居

一、成年人与16岁以下的人同居的，处3个月以上3年以下监禁。

二、父（母）、养父（母）、监护人或其他行使父母权力的人允许或同意16岁以下的人与他人同居的，依本条第1款之规定处罚。

三、犯本条第1款或第2款之罪，且受害人是14岁以下的人的，处6个月以上3年以下监禁。

四、以获取物质利益为目的，犯本条第1款或第2款之罪的，处1年以上5年以下监禁。

第209条　改变儿童家庭现状

一、非法用一个儿童替换其他儿童，或改变儿童家庭身份的，处3个月以上3年以下监禁。

二、本罪处罚未遂。

第210条　非法诱拐儿童

一、非法保留或从父（母）、养父（母）、监护人、行使父母权力的他人或被委托管理儿童的机构那里诱拐儿童，或阻止主管部门执行生效决定把儿童委托他人或机构的，处3年以下监禁。

二、父（母）犯本条第1款之罪，相关部门对其裁处必须遵守的生效决定，即剥夺其行使父母权力或将该儿童的教育或监督权委托其他父（母）或其他人的，处1年以下监禁。

三、为了物质利益或其他卑鄙动机，犯本条第1款之罪的，处1年以上10年以下监禁。

第211条　虐待或遗弃儿童

一、父（母）、养父（母）、监护人或其他对儿童行使父母权力的人使用身体或精神措施虐待该儿童的，或因严重过失而违反其照看或教育儿童的义务的，处3个月以上3年以下监禁。

二、父（母）、养父（母）、监护人或其他对儿童行使父母权力的人，以危及儿童生命或严重危及其健康的方式遗弃该儿童的，处6个月以上5年以下监禁。

三、父（母）、养父（母）、监护人或其他对儿童行使父母权力的人，强迫儿童超负荷工作或完成不适合儿童年龄的工作的，或强迫该儿童乞讨金钱及其他物质利益的，或强迫该儿童参加其他损害其身心健康发展的活动的，处3个月以上3年以下监禁。

四、犯本条第1款、第2款或第3款之罪，并因此而给儿童造成了严重的精神或身体伤害的，处1年以上8年以下监禁。

第212条　违反家庭义务罪

一、严重违背其法定家庭义务，将无力照顾自己的家庭成员置于危难状态下的，处3个月以上3年以下监禁。

二、犯本条第1款之罪的，并因此而导致家庭成员死亡或严重健康损害时，处1年以上8年以下监禁。

三、如果法庭作出缓刑判决，作为条件，它可以责令犯罪人定期完成照顾、教育和赡养扶养的义务。

第213条　逃避赡养扶养

一、基于生效的法庭判决、生效的法庭裁决或其他主管机关的决定，担负相关扶养义务而逃避该赡养扶养的，处1年以下监禁。

二、如果法庭判处缓刑，作为条件，法庭可以责令犯罪人偿还赡养扶养费和未履行之义务。

三、犯本条第1款之罪者，在法庭一审判决生效前完成了义务的，法庭可以撤销判决。

第214条　阻止和不执行保护儿童措施

一、阻止法庭或其他负责保护儿童的主管机构指令的教育措施及法庭或其他负责保护儿童的主管机构指令的其他措施的执行的，处罚金或1年以下监禁。

二、作为负责儿童保护、教育、职业培训等机构或部门的负责人，以一种明显不负责任的方式行使其职责，并因而严重损害儿童健康或发展的，处罚金或3年以下监禁。

第二十一章　侵犯公共健康的刑事犯罪

第215条　传播传染性的疾病

一、未能遵守主管公共机构在卫生建设管理病人的消毒灭菌的规定或命令，或其他旨在人群中防止或抗击传染病的措施，并因此而导致传染病传播的，处罚金或1年以下监禁。

二、未能遵守本条第1款的旨在抗击和防止动物传染病的规定或命令，因此而导致传染病在人群中传播的，应当依照本条第1款规定处罚。

三、过失犯本条第1款或第2款之罪的，处罚金或6个月以下监禁。

四、犯本条第1款或第2款之罪，并因此导致他人严重的身体伤害或严重健康损伤的，处 1 年以上 8 年以下监禁；导致 1 人或多人死亡的，处 1 年以上 12 年以下监禁。

五、犯本条第 3 款之罪，并因此而导致他人严重的身体伤害或健康损害的，处 3 年以下监禁；导致 1 人或多人死亡的，处 1 年以上 8 年以下监禁。

第 216 条　疫情发生期间不遵守健康规章

在传染病流行期间不遵守基于旨在阻止和抗击该传染病而制定措施的主管机关发布的命令或其他决定的，处 1 年以下监禁。

第 217 条　传染性病

一、明知本人感染了艾滋病毒或其他性病而故意隐瞒事实传染他人的，处 1 年以下监禁。

二、犯本条第 1 款之罪的，并因此而导致一个人严重的永久健康损伤或死亡的，处 1 年以上 10 年以下监禁。

三、犯本条第 1 款之罪的，依被害人之建议方可提起诉讼。

第 218 条　雇用传染性疾病患者

一、违背健康法，在医院、学校、餐馆、食品加工店、健康服务店或类似的商业组织或工场雇用或继续雇用某个自己明知是患有传染性疾病的人员，并因而导致该传染病传播的，处罚金或 1 年以下监禁。

二、过失犯本条第 1 款之罪的，处罚金或 6 个月以下监禁。

三、犯本条第 1 款或第 2 款之罪，并因此而导致他人严重的身体伤害或健康损伤的，犯本条第 1 款之罪的，处 1 年以上 8 年以下监禁；犯本条第 2 款之罪的，处 1 年以上 3 年以下监禁。

四、犯本条第 1 款或第 2 款之罪，并因此而导致 1 人或多人死亡的。犯本条第 1 款之罪的，处 1 年以上 12 年以下监禁；犯本条第 2 款之罪的，处 1 年以上 8 年以下监禁。

第 219 条　不谨慎治疗患者

一、医生在提供医疗帮助时，使用明显不合适的手段或不正确的治疗方法或未使用合适的卫生措施，并因此而导致病人状况恶化的，处 1 年以上 3 年以下监禁。

二、卫生保健人员在提供医疗帮助或治疗时不负责任，导致某人状况恶化的，依本条第 1 款之规定处罚。

三、过失犯本条第 1 款之罪的，处罚金或 1 年以下监禁。

四、犯本条第 1 款、第 2 款或第 3 款之罪，并因此而导致 1 人严重的身体伤害或健康损伤的，犯本条第 1 款、第 2 款之罪的，处 1 年以上 8 年以下监禁；犯本条第 3 款之罪的，处 1 年以上 3 年以下监禁。

五、犯本条第 1 款、第 2 款或第 3 款之罪，并因此而导致 1 人或多人死亡的，犯本条第 1 款、第 2 款之罪的，处 1 年以上 12 年以下监禁；犯本条第 3 款之罪的，处 1 年以上 8 年以下监禁。

第 220 条　未提供医疗帮助

医生没有给急需治疗的病人提供必要治疗，如果该医生知道或应当知道这种不作为将导致该病人健康的严重损伤或死亡，处 3 年以下监禁。

第 221 条　非法行医

一、在没有职业资格或合法授权的情况下行医的，或参加其他依据法律需要具备特定资格的医疗活动的，处 1 年以下监禁。

二、犯本条第 1 款之罪，并因此而导致 1 人或多人死亡的，处 1 年以上 12 年以下监禁。

第 222 条　不谨慎配备和分发药品

一、药剂师或被授权配备和分发药品的他人配备药品不符合职业标准或分发药品不正确，并因此而导致危及某人生命或健康的，处罚金或1年以下监禁。

二、过失犯本条第1款之罪的，处罚金或6个月以下监禁。

三、犯本条第1款或第2款之罪，并因此而导致1人严重的身体伤害或健康损伤的，犯本条第1款之罪的，处1年以上8年以下监禁；犯本条第2款之罪的，处3年以下监禁。

四、犯本条第1款或第2款之罪，并因此而导致1人或多人死亡的。犯本条第1款之罪的，处1年以上12年以下监禁；犯本条第2款之罪的，处1年以上8年以下监禁。

五、所配备的药品应当予以没收。

第223条 生产和分发劣质医疗产品

一、以销售或投放流通领域为目的，生产伪劣药品或其他对健康有害的医疗产品的，处罚金或1年以上3年以下监禁。

二、过失犯本条第1款之罪的，处罚金或1年以下监禁。

三、犯本条第1款或第2款之罪，并因此而导致1人严重的身体伤害或健康损伤的，犯本条第1款之罪的，处1年以上8年以下监禁；犯本条第2款之罪的，处3年以下监禁。

四、犯本条第1款、第2款或第3款之罪，并因此而导致1人或多人死亡的，犯本条第1款之罪的，处1年以上12年以下监禁；犯本条第2款之罪的，处1年以上8年以下监禁。

五、医疗产品和生产工具应当予以没收。

第224条 生产和流通有害食品

一、明知是对人身体有害的食品、饮料或其他产品，但为了销售而生产、销售、供应或以其他方法将其投放到流通领域，处3个月以上3年以下监禁。

二、过失犯本条第1款之罪的，处罚金或6个月以下监禁。

三、犯本条第1款或第2款之罪，并因此而导致1人严重的身体伤害或健康损伤的，犯本条第 1 款之罪的，处 1 年以上 8 年以下监禁；犯本条第 2 款之罪的，处 3 年以下监禁。

四、犯本条第 1 款、第 2 款或第 3 款之罪，并因此而导致 1 人或多人死亡的，犯本条第 1 款之罪的，处 1 年以上 12 年以下监禁；犯本条第 2 款之罪的，处 1 年以上 8 年以下监禁。

五、有害物品应当予以没收。

第 225 条　不谨慎检查用于消费的肉类

一、兽医或其他被授权的兽医工作者，在检查用于屠宰的动物或用于消费的肉类时，违背职业标准、违反兽医实践适用规程或标准，或者不进行检查，并因此而导致对人体健康有害的肉类进入市场流通的，处 1 年以下监禁。

二、过失犯本条第 1 款之罪的，处罚金或 1 年以下监禁。

三、犯本条第 1 款或第 2 款规定的罪行导致了 1 人严重的身体伤害或健康损伤的，犯本条第 1 款之罪的，处 1 年以上 8 年以下监禁；犯本条第 2 款之罪的，处 3 年以下监禁。

四、犯本条第 1 款或第 2 款规定的罪行导致了 1 人或多人死亡的，犯本条第 1 款之罪的，处 1 年以上 12 年以下监禁；犯本条第 2 款之罪的，处 1 年以上 8 年以下监禁。

第 226 条　污染饮用水

一、使用任何有毒物质污染人类饮用水，并因此而危及人类生命身体健康的，处 1 年以上 3 年以下监禁。

二、过失犯本条第 1 款之罪的，处罚金或 3 个月以下监禁。

三、犯本条第 1 款或第 2 款之罪，并因此而导致某人严重的身体伤害或健康损伤的，犯本条第 1 款之罪的，处 1 年以上 8 年以下监禁；犯本条第 2 款之罪的，处 3 年以下监禁。

四、犯本条第 1 款或第 2 款之罪，并因此而导致 1 人或多人死亡的，犯本条第 1 款之罪的，处 1 年以上 12 年以下监禁；犯本条第 2 款之罪的，处 1 年以上 8 年以下监禁。

五、使用任何有毒物质污染供动物饮用水，并因此而危及动物生命身体健康的，处 1 年以下监禁。

六、犯本条第 5 款之罪，并因此而导致价值在 1 万欧元以上动物死亡或大量动物死亡的，处 1 年以上 3 年以下监禁。

第 227 条　污染人类或动物使用食品

一、使用任何有毒物质污染供人类使用的食品，因而危及人类生命、身体健康的，处 1 年以上 3 年以下监禁。

二、过失犯本条第 1 款之罪的，处罚金或 3 个月以下监禁。

三、犯本条第 1 款或第 2 款之罪，并因此而导致 1 人严重的身体伤害或健康损伤的，犯本条第 1 款之罪的，处 1 年以上 8 年以下监禁；犯本条第 2 款之罪的，处 3 年以下监禁。

四、犯本条第 1 款或第 2 款之罪，并因此而导致 1 人或多人死亡的，犯本条第 1 款之罪的，处 1 年以上 12 年以下监禁；犯本条第 2 款之罪的，处 1 年以上 8 年以下监禁。

五、使用任何有毒物质污染供动物食用的饲料的，并因此而危及人类生命、身体健康的，处 1 年以下监禁。

六、犯本条第 5 款之罪，并因此而导致价值在 1 万欧元以上动物大量死亡的，处 1 年以上 3 年以下监禁。

第 228 条　向 16 岁以下的人提供酒精饮料

一、在宾馆、酒吧或其他销售酒精饮料的场所，向 16 岁以下的人提供酒精饮料的，处罚金或 6 个月以下监禁。

二、过失犯本条第 1 款之罪的，处罚金或 3 个月以下监禁。

第 229 条　擅自购买、持有、分发和销售危险性麻醉药品和精神药物

一、未经授权，购买，或以销售、分发或提供销售为目的而持有已经被宣布属于危险性麻醉药品或精神药物的物质或配置品的，处罚金或 1 年以上 5 年以下监禁。

二、以分发、销售或提供销售已经被宣布为危险性麻醉药品或精神药物为目的，未经授权，分发、销售、运输、交付上述物质的，处罚金并处 1 年以上 8 年以下监禁。

三、未经授权，出口或进口已经被宣布为危险麻醉药品或精神药物的物质或配置品的，处罚金或 3 年以上 10 年以下监禁。

四、如果本条第 1 款、第 2 款或第 3 款之罪是在下列一种或多种情形下实施的，处罚金或 3 年以上 15 年以下监禁：

1. 作为犯罪集团成员实施的；

2. 警察或执法人员实施的；

3. 正在履行职责的官方人员实施的；

4. 在犯罪中使用暴力、武器或以使用暴力、武器相威胁的；

5. 通过剥削儿童或伤害这样的人实施的；

6. 明知是由于年龄、疾病、身体或精神残疾、精神紊乱，或怀孕等原因而特别脆弱的人，而将其作为犯罪对象的；

7. 使用用于人道主义行动的货运、托运、集装箱或车辆而非法运输麻醉药品或精神药物的；

8. 将麻醉药品、精神药物与其他物质混合加重其健康危险的；

9. 在他人不知道的情况下使其服用麻醉药品或精神药物的。

五、上述麻醉药品或精神药物应当予以没收。

第230条 私自生产、加工危险性麻醉药品和精神药物

一、以销售、分发或提供销售已经宣布为危险性麻醉药品或精神药物的物质或配置品为目的，未经授权培植、生产、加工、提取或配置上述物品的，处罚金或1年以上10年以下监禁。

二、未经授权销售麻醉药品和精神药物的类似物的，或以销售、分发或提供销售为目的加工类似物的，处罚金或6个月以上3年以下监禁。

三、未经授权，销售或供应明知已经或即将用于非法培植、生产、加工或贩卖已经宣布为危险性麻醉药品或精神药物或任何类似物的任何物质或配置品的设备或材料的，处罚金或1年以上3年以下监禁。

四、如果本条第1款、第2款或第3款之罪是在下列一种或多种情形下实施的，处3年以上13年以下监禁，或并处罚金及上述监禁：

1. 作为犯罪集团成员实施的；
2. 警察或执法人员实施的；
3. 正在履行职责的官方人员实施的；
4. 利用儿童或伤害他人的方式实施的；
5. 将危险性麻醉药品或精神药物与其他物质混合加重其健康危险的。

五、麻醉药品、精神药物、类似物以及生产工具应当予以没收。

六、为了本条和本法第231条的目的，“类似品”是指任何未经授权的和其主要化学机构类似于已经宣布为危险性麻醉药品或精神药物的物质或配置品的任何物质。

第231条　帮助获得或使用危险性麻醉药品、精神药物或类似品

一、管理危险性麻醉药品、精神药物或类似品，并且由于他或她的作用帮助违法获得或使用这些物品的，处6个月以上5年以下监禁。

二、任何机构或其他公共使用的封闭场所的经理或所有者允许或容忍使用麻醉药品、精神药物或类似品的，处3个月以上5年以下监禁。

第二十二章　侵犯经济的刑事犯罪

第232条　在经济活动中侵犯平等权利

通过滥用官方职责或授权，限制资本在科索沃境内的自由流动，剥夺或限制商业机构、法人在科索沃境内参加商品流通或服务的权利，或者将商业机构或组织置于与其他商业机构或法人在工作条件、商品流通或服务方面相比不平等位置，或限制商品、服务的自由交换，并因此而为一个商业组织或法人带来可观利润或给他人造成巨大损失的，处3个月以上3年以下监禁。

第233条　不负责任经济活动

一、商业组织的负责人或法人有意违反法律或其他与商业活动相关的条款，以不负责任的行为方式，导致该商业组织或法人遭受严重物质损失的，处罚金或3年以下监禁。

二、犯本条第1款之罪的，并因此而导致该商业组织或法人强制清算或破产的，处 6 个月以上 5 年以下监禁。

第 234 条　导致破产

商业机构的负责人或法人，明知该企业或法人资不抵债，却通过不合理支出财力、明显低价转让、陷入过度的债务、承担义务过多、与资不抵债法人或续签不合理合同，或不及时强制索赔等手段，并因此而导致商业机构破产的，处 6 个月以上 5 年以下监禁。

第 235 条　损害债权人利益

一、商业机构的负责人或法人，明知该商业机构或法人资不抵债，通过偿还债务或以任何其他方式，将一个债权人置于更有利的位置因而导致其他债权人遭受巨大损失的，处 3 年以下监禁。

二、商业机构的负责人或法人，明知该商业机构或法人资不抵债，为了欺骗或给债权人造成损失，接受虚假赔款，签订虚假合同或进行其他欺骗行为，因而给该商业机构的债权人或法人造成损失的，处 6 个月以上 5 年以下监禁。

三、犯本条第 1 款或第 2 款之罪，并因此而导致 25 万欧元以上的损失的，或导致受害方被迫进行重组或破产程序的结果，处 1 年以上 10 年以下监禁。

第 236 条　滥用经济授权

一、商业机构的负责人或参加经济活动的法人，如果企图为其受雇的或其他商业机构或法人谋取非法物质利益，实施了下列行为之一的，处 6 个月以上 5 年以下监禁：

1. 在科索沃或其他管辖范围建立和拥有非法基金的；

2. 通过编制虚假内容、虚假资产负债、虚假评估、虚假清单或其他任何虚假陈述的文件，或通过隐瞒虚假显示资产流动的证据或经济活动的结果，并以这种方式误导商业组织的管理机构或法人在管理活动中决策失误的；

3. 未完成纳税义务或科索沃法律规定的其他财政义务的；

4. 随意使用与预知目的相悖的手段；或

5. 以其他方法严重违反法律或与处置、使用或管理财产商业活动有关的规则的。

二、犯本条第 1 款之罪，并因此而获得 10 万欧元以上的物质利益的，处 1 年以上 8 年以下监禁。

第 237 条　签订有害性合同

一、商业机构的代表、被授权人或参加经济活动的法人，签订明知对该组织或法人有害的合同，或者签订与其被授权内容相悖的合同，并因此而给商业机构或法人造成损失的，处 3 个月以上 3 年以下监禁。

二、接受贿赂而犯本条第 1 款之罪，并因此而造成 10 万欧元以上损失的，处 1 年以上 10 年以下监禁。

第 238 条　私自交流商业秘密

一、违反保护商业秘密的职责，与他人交流或传递商业秘密信息，或使他人能够得到这些信息，或意图向未被授权人员传递而收集此信息的，处 3 年以下监禁。

二、意图以未授权方式使用，而非法获取作为商业秘密受到保护的信息的，应当依照本条第 1 款规定处罚。

三、本条第 1 款或第 2 款规定的信息具有特殊重要性的，或如果意图将此信息传播到科索沃以外而将此信息泄露给他人，或者意图获取物质利益而犯本罪的，处 1 年以上 5 年以下监禁。

四、过失犯本条第 1 款或第 2 款之罪的，处 1 年以下监禁。

五、就本条而言，“商业秘密”是指被法律或商业机构或法人的规章所指定的信息，其具体体现为生产秘密、研究或设计成果，以及其他向未授权人员泄露会对商业机构或法人的经济利益产生有害影响的信息。

第 239 条　伪造有价印戳和证券

一、以将会计印戳、邮费印戳或其他依法在科索沃发行的有价印戳的伪造品作为真品而使用，或以将该伪造品交由他人使用为目的，生产该伪造品，或变造真实印戳，或将该伪造品作为真品而使用的，处 1 年以下监禁。

二、犯本条第 1 款之罪，若涉及的印戳价值超过 1 万欧元的，处 3 年以下监禁。

三、以将依照科索沃法律发行的证券的伪造品作为真品而使用，或将该伪造品交由他人使用为目的，生产该伪造品，或变造真实证券，或将该伪造品作为真品而使用的，处 3 个月以上 5 年以下监禁。

四、移除用于盖销本条第 1 款中的有价标志的戳记，或以其他方式掩饰其已经使用过的迹象，或将已经使用过的标志仍然当做有效标志而进行使用或出卖的，处 3 年以下监禁。

五、本条第 1 款、第 2 款或第 4 款之罪，处罚未遂。

六、伪造的有价印戳和证券应当予以没收。

第 240 条　侵犯专利权

一、在参加经济活动过程中，未经授权，使用已经登记的或受法律保护的专利，或已经登记的半导体电路图的，处罚金或 3 年以下监禁。

二、未经授权而生产的本条第 1 款所规定的物品，应当予以没收。

第 241 条　未经授权使用商业名称、商标或设计

一、在参加经济活动的过程中，以欺骗服务的购买者和消费者为目的，在自己的商业名称、商标或货物特殊商标中使用他人的商业名称或商标、他人的货物商标或服务商标、与地理来源有关的他人商标，或货物或成分的任何其他特殊商标的，处 2 年以下监禁。

二、以欺骗购买者为目的，未经授权在生产中使用他人的样品或他人的模型，或将以这种方式生产的物品分发的，依本条第 1 款之规定处罚。

三、本条第 1 款、第 2 款之罪所规定的物品应当予以没收。

第 242 条　欺骗购买者

一、为了欺骗购买者，分发标签显示数据与内容、类型、来源或产品质量不符的产品的；分发重量、质量与这些产品的正常期望值不符的产品的；依据法律应该有标明其内容、类型、来源或产品质量的标签，但分发没有此类标签的产品的，处罚金或 3 年以下监禁。

二、为了欺骗购买者，虚假宣称降价或物价即将上涨，或以任何其他方式公开使用虚假广告的，处罚金或 1 年以下监禁。

第 243 条　组织传销或非法赌博

一、以为本人或他人谋取非法物质利益为目的，组织、参加或帮助组织如下赌博或活动的，处 3 年以下监禁。该赌博或活动的参加者向其他参加者支付一定数量的金钱，而其他参加者则期望从前者那里获得一定数量的金钱。

二、为了给自己或他人谋取非法物质利益，组织、参加或帮助组织赌博、赌场型赌博或机会游戏，而这些赌博、赌场型赌博或机会游戏并没有获得主管机关颁发的执照、许可、特许的，依本条第 1 款之规定处罚。

三、犯本条第 1 款或第 2 款之罪，并因此而导致超过 2.5 万欧元物质损失的，处 2 年以上 12 年以下监禁。

四、就本条而言：

1.“赌场型赌博”是指通常在赌场进行的包含了运气的游戏或活动，在此金钱或其他有价值的物品依据基于游戏或活动的结果发生转移，包括但不仅限于轮盘、骰子、扑克、投币机、二十一点、基诺游戏和电子的、机械的或录像机提供的此类游戏；

2.“机会游戏”是指提供给一般公众的涉及机会和运气的任何商业活动，包括但不仅限于抽奖、有奖销售、赌博游戏、投币机、赌注登记、数字游戏、商品轮、刮刮乐，在这些游戏中基于机会决定的结果给予金钱或其他奖品。

第 244 条　假　币

一、以将假币当做真币使用为目的而制造假币的，以将假币当做真币使用为目的而变造真币的，或将假币使用的，处 1 年以上 10 年以下监禁。

二、以将假币当做真币使用为目的而获取假币的，依本条第 1 款之规定处罚。

三、明知是假币而使用，或知道正在制造假币或使用假币而未能报告的，处罚金或 1 年以下监禁。

四、假币及其生产设备应当予以没收。

第 245 条　生产和使用虚假商标、计量器和称量器

一、意图将用于粘贴在食品上的虚假标志，以及用于标志金、银、家禽、木材或其他物品的虚假封印、印章当做真品使用，进而生产该虚假标志、封款及印章，或者变造真实标志的，或者把虚假标志作为真品使用的，处 3 个月以上 5 年以下监禁。

二、伪造计量器、砝码的，依本条第1款之规定处罚。

三、未经授权，供应、销售或提供用于制造标志物品的印章，或用于生产虚假计量器、砝码的器材的，处3年以下监禁。

四、虚假商标、印章、计量器和砝码及其生产设施应当予以没收。

第246条　禁止贸易

一、未经授权销售、购买或交易禁止或限制销售的货物或物体的，处3个月以上3年以下监禁。

二、犯本条第1款之罪，且组织了销售者或经纪人网络，或者其利润超过1.5万欧元的，处6个月以上5年以下监禁。

三、禁止贸易的货物或物品应当予以没收。

第247条　禁止生产

一、未经授权，生产、加工禁止生产和加工的货物的，处罚金或3年以下监禁。

二、货物及生产、加工设备应当予以没收。

第248条　发行未承保或虚假支票和滥用银行卡或信用卡

一、以为自己或他人谋取非法物质利益为目的，提供或发行本人明知没有资金承保的支票或虚假信用卡，并以这种方式实现物质利益的，处3年以下监禁。

二、以为自己或他人谋取非法物质利益为目的，明知其当前账户中没有其所意图提取数额的现金，而仍然使用银行卡在银行柜员机提取该数额现金，或明知其没有能力提供足够的数额款项进行支付，而仍然使用信用卡，并且以上述方法实现物质利益的，依本条第1款之规定处罚。

三、犯本条第1款或第2款之罪，并因此而获利超过1.5万欧元的，处6个月以上5年以下监禁。

第249条 逃 税

一、以为本人或他人全部或部分逃避纳税、关税或法律规定的捐赠为目的，对自己的收入、经济状况或其他有关此类义务评估的事实而提供虚假信息或遗漏信息的，处罚金并处3年以下监禁。

二、犯本条第1款之罪，且其应支付义务超过1.5万欧元的，处罚金并处6个月以上5年以下监禁。

第250条 不正当接受礼品

一、在参加经济活动的过程中，无视自己的商业机构或法人的利益或意图在签订合同或同意履行服务时给同一商业机构或法人造成损失为目的，而索要或接受不正当报酬、礼品或其他利益的，处罚金或3年以下监禁。

二、犯本条第1款之罪的，以签订合同或同意履行服务为交换而为本人或任何第三人索要或接受不正当报酬、礼品或其他利益的，处3年以下监禁。

三、实施本条第1款之罪的，在合同签订后或履行服务后，索要或接受报酬、礼品或其他利益的，处1年以下监禁。

四、接受的礼品或报酬应当予以没收。

第251条 不正当给予礼品

一、给予或企图给予或承诺给予参加经济活动的人不合适的报酬、礼品或其他利益，意图使其在签订合同履行服务时其所代表的商业机构或法人利益的，或意图给该商业机构或法人造成损失的，处3年以下监禁。

二、意图在签订合同或履行服务时获得任何不正当的优势地位，从而给予、企图给予或承诺给予参加经济活动的人不正当的报酬、礼品或其他利益的，处1年以下监禁。

三、犯本条第1款或第2款之罪者，系因被勒索而给予报酬或礼品，并且在该犯罪被发现前或其察觉该犯罪被发现前主动交代了其犯罪行为的，可以免除刑罚。

四、除本条第3款中，被勒索而给予的报酬或礼品可能被退还给行贿人之外，其他的报酬或礼品应当予以没收。

第二十三章　侵犯财产的刑事犯罪

第252条　盗　　窃

一、以为自己或他人非法占有为目的，拿走他人动产的，处罚金或3年以下监禁。

二、本条第1款之罪，处罚未遂。

三、在被刑事追诉前归还盗窃财产的，可以免除刑罚。

第253条　加重盗窃

一、以下列方式实施本法第252条第1款之盗窃行为的，处6个月以上5年以下监禁：

1. 为占有动产而使用暴力的，或移去障碍物进入上锁的建筑物、房间、包厢、集装箱或其他上锁的房屋的；

2. 以一种特别危险或无耻的方式实施的；

3. 在火灾、洪水、地震或其他灾害发生时实施的；

4. 利用他人的残疾或其他严重困境实施的。

二、以下列方式犯本法第252条第1款规定的盗窃的，应当依照本条第1款之规定处罚：

1. 被盗财产的价值超过1.5万欧元，并且意图占有具有此价值的物体的；

2. 被盗财产系用于宗教功能，或是从宗教建筑或其他举行宗教仪式的房屋盗窃的；

3. 被盗财产具有文化价值或特殊科学、技术或艺术重要性，或者属于公共收藏、受保护的私人收藏或公共展览的一部分的。

三、作为犯罪集团成员或持有武器、危险器械犯本法第252条第1款之罪的，处1年以上8年以下监禁。

第254条　抢劫性质的盗窃

一、在实施盗窃时以持续占有盗窃财产为目的，出其不意地突然出击，使用暴力或威胁攻击他人的生命或身体的，处1年以上10年以下监禁。

二、以犯罪集团成员身份，或使用武器、其他危险器具犯本条第1款之罪的，处3年以上12年以下监禁。

第255条　抢　　劫

一、以为自己或他人谋取非法物质利益为目的，对他人使用暴力或威胁立即对他人的生命或身体发动攻击，占有他人动产的，处1年以上10年以下监禁。

二、被盗财产的价值超过1.5万欧元，并且意图占有具有此价值的物体的，处3年以上监禁。

三、以犯罪集团成员身份，或使用武器、其他危险器械犯本条第1款之罪的，处3年以上12年以下监禁。

第256条　抢劫或具有抢劫性质盗窃的加重情节

一、实施具有抢劫性质的盗窃或抢劫，并因此而导致严重身体伤害的后果，或者以武装集团实施或使用武器或危险器械实施上述行为的，处5年以下监禁。

二、实施具有抢劫性质的盗窃或抢劫时，故意剥夺任何人生命的，处10年以上监禁或长期监禁。

第257条　盗用罪

一、以为自己或他人谋取非法物质利益为目的，盗用其托管的他人动产的，处罚金或1年以下监禁。

二、监护人犯本条第1款之罪的，处罚金或3年以下监禁。

三、当盗用财产的价值超过1.5万欧元的，处1年以上5年以下监禁。

四、当盗用的财产具有特殊的科学、文化或历史价值的，应判处1年以上8年以下监禁。

五、为了给自己或他人谋取非法物质利益，非法盗用自己发现或意外拥有的他人动产的，处罚金或1年以下监禁。

六、对于本条第1款、第2款或第5款之罪的刑事起诉应当在提议后启动。

第258条　占有动产

一、非法拿走他人动产并持续占有但无意盗用的，处罚金或6个月以下监禁。

二、犯本条第1款之罪，如果涉及拿走他人机动车辆的，处罚未遂。

三、犯本条第1款之罪的，告诉的才处理；如果涉及公共机构拥有或管理的财产，依被害人之同意方可提起公诉。

第259条　非法占用不动产

一、非法占用他人不动产或该不动产任何部分的，处罚金或1年以下监禁。

二、当被占用的不动产属于保护林、被保护公园或有特殊目的的其他森林或建设场地的一部分的，处3个月以上3年以下监禁。

第 260 条 破坏动产

一、破坏、毁灭或使他人的动产不能使用的，处罚金或 6 个月以下监禁；

二、当本条第 1 款之罪的犯罪动机是基于族裔、种族、民族、国际、宗教、性别、性取向或语言有关的偏见的，处罚金或 1 年以下监禁。

第 261 条 诈 骗

一、以为自己或他人谋取物质利益为目的，通过虚假陈述手段或隐瞒事实欺骗他人或使此人处于被欺骗状态，诱使此人去实施或避免实施某种行为，从而损坏自己或他人财产的，处罚金或 3 年以下监禁。

二、犯本条第 1 款之罪，并因此而造成 1.5 万欧元以上损失的，处 6 个月以上 5 年以下监禁。

第 262 条 诈骗补贴

向主管机关提供不正确或不完整的信息，而这些信息对补贴的授予有重要影响作用，或违背向主管机关公开这些信息的义务而掩藏这些信息，或者滥用补贴的，处罚金或 5 年以下监禁。

第 263 条 滥用保险

一、为了从保险公司得到保险金而破坏、毁灭或隐藏已经投保为毁灭、破坏、丢失或被盗等险种的财产，随后报告上述财产毁灭、损坏、丢失或被盗的，处罚金或 1 年以下监禁。

二、为了从保险公司获得身体伤害或健康损伤的保险金而给自己造成此种伤害或损伤，然后报告该伤害或损伤的，依本条第 1 款之规定处罚。

三、本条第 1 款之罪，处罚未遂。

四、本条第 1 款或第 2 款之罪，依被害人之建议方可提起公诉。

五、在其欺骗被发现前放弃补偿要求的，可以对其免除处罚。

第 264 条　侵入计算机系统

一、以为自己或他人获取非法物质利益或给他人造成损失为目的，未经授权改变、公布、删除、封锁或破坏计算机数据、程序或以任何其他方式侵入计算机系统的，处罚金或 1 年以上 3 年以下监禁。

二、犯本条第 1 款之罪，并因此而导致超过 1.5 万欧元的重大物质利益或重大物质损失的，处 6 个月以上 5 年以下监禁。

三、本条之罪，依被害人之同意方可提起公诉。

第 265 条　盗窃、盗用或诈骗的减轻犯罪

一、实施轻微盗窃、盗用或诈骗罪的，处罚金或 6 个月以下监禁。

二、当盗窃或盗用财产的价值或诈骗导致的损失不超过 25 欧元，并且行为人为了盗用具有此价值的物体或导致此价值的损失的，视为实施盗窃、盗用或诈骗的减轻犯罪。

三、本条第 1 款所规定的减轻之罪，告诉的才处理。

第 266 条　免予处罚

犯本法第 257 条、第 258 条、第 265 条或第 269 条之罪，在被刑事追诉前归还其占有或盗用被盗财产的，可以对其免除刑罚。

第 267 条　抢　　夺

一、以为自己或他人谋取非法物质利益为目的，使用暴力或威胁手段强迫他人施行或阻止施行某种行为，从而损害自己或他人财产的，处3个月以上5年以下监禁。

二、以犯罪集团成员身份或使用武器、其他危险器械犯本条第1款之罪，或者获得巨大物质利益的，处1年以上10年以下监禁。

第268条　敲诈勒索

一、以为自己或他人谋取非法物质利益为目的，以公开关于他人或与他人关系相近的人的有损他们声誉或名誉的内容相威胁，以此方式强迫此人实施或避免实施某种行为，损害他人财产的，处3个月以上5年以下监禁。

二、以犯罪集团成员身份或使用武器、其他危险器械犯本条第1款之罪，或者获得巨大物质利益的，处1年以上10年以下监禁。

第269条　背　　信

一、在代表他人财产利益或照看他人财产时，以为自己或他人谋取非法物质利益为目的，未履行职责或滥用授权，给自己代表的他人财产利益或自己照看下的他人财产造成损失的，处罚金或1年以上3年以下监禁。

二、监护人或律师犯本条第1款之罪的，处3个月以上5年以下监禁。

第270条　不合比例财产利润立约

代表本人或他人，利用他人的困难经济状况、困难住房状况、困苦、经验不足或没有能力作出判断，接受或商定给予他人与服务明显不合比例数量财产的，处罚金或3年以下监禁。

第271条　破坏他人权利

一、以破坏财产清偿为目的，转让、捣毁其财产或取走该财产上的物体，而他人基于按揭或用益物权对该财产有利害关系，因而对该人造成损失的，处罚金或1年以下监禁。

二、为了阻碍在强制执行过程中债权人债务的解决，转让、捣毁或隐藏财产的部分，因而给债权人造成损失的，依本条第1款之规定处罚。

第272条　接收赃物

一、购买、作为抵押品而接受或以其他方式获取或隐藏本人明知是犯罪所得之赃物，或者是通过销售、交换上述赃物而得到的物品的，处1年以下监禁。

二、购买、作为抵押品而接受或以其他方式获取或隐藏本人本明知是犯罪所得之赃物，或者是通过销售、交换上述赃物而得到的物品的，处罚金或6个月以下监禁。

三、本条第1款或第2款之罪，处罚未遂。

第273条　走私货物

一、未经授权或无执照交易或运输货物进出科索沃的，处罚金或3年以下监禁。

二、走私的货物应当予以没收。

第274条　有组织犯罪

一、将严重犯罪作为有组织犯罪集团的一部分而予以实施的，处25万欧元以下罚金并处7年监禁。

二、积极参加犯罪集团的犯罪或其他活动，明知其参与将有助于有组织犯罪集团实施严重犯罪的，处5年以下监禁。

三、组织、建立、监督、管理或指导有组织犯罪集团活动的，处50万欧元罚金或7年以上10年以下监禁。

四、犯本条第2款之罪的，处50万欧元罚金，如果该有组织犯罪集团的活动造成他人死亡的，处10年以上监禁或长期监禁。

五、在集团完成犯罪前，犯本条第2款或第3款之罪的犯罪人向警方或公共检察官详细报告了该有组织犯罪集团的存在、组成和信息，使警方得以拘留或检察官得以起诉该集团的，可以免除处罚。

六、因实施本条规定的犯罪受到本法第 57 条规定的附加刑的处罚，并且违反了这些附加刑条款的，处 1 年以下监禁。

七、就本条而言：

1. “有组织犯罪” 是指为了获得直接或间接的经济或其他物质利益，由有组织集团实施的严重犯罪；

2. “有组织犯罪集团” 是指为了获得直接或间接的经济或其他物质利益，一定时期存在的、以实施 1 个或多个严重罪行为目标的有组织集团；

3. “严重犯罪” 是指处 4 年以上监禁的犯罪；

4. “有组织集团” 是指由 3 人或多人组成的集团。该集团不是为了立即实施一项犯罪而随意组成的，其成员职责、成员资格连续性或发展的结构不必正式确定。

第 275 条　行为人与受害人有家庭关系的案件的起诉

当本法第 275 条、第 252 条、第 253 条、第 257 条第 1 款、第 258 条第 1 款和第 2 款、第 260 条、第 261 条、第 269 条或第 271 条第 1 款之罪的犯罪对象与犯罪人有家庭关系时，依被害人之建议方可提起公诉。

第二十四章　侵犯环境、动物、植物和文物的刑事犯罪

第 276 条　污染或破坏环境

一、违反环境保护法律，污染或使环境退化或过度开采、利用自然资源，并因此而危及环境、生命或多数人健康的，处 2 年以下监禁。

二、过失犯本条第 1 款之罪的，处罚金或 1 年以下监禁。

三、犯本条第 1 款及第 2 款之罪，并因此而造成了多人身体健康损害，造成植物群体、动物群体或饮用水源全部或部分破坏的，对环境所造成其他严重危害后果或对环境污染程度增加到严重级别的，犯本条第 1 款之罪的，处 5 年以下监禁；犯本条第 2 款之罪的，处 2 年以下监禁。

四、犯本条第 1 款及第 2 款之罪，并因此而导致对环境造成不可修复的损坏、毁灭，或危及受保护的自然资源的，犯本条第 1 款之罪的，处 8 年以下监禁；犯本条第 2 款之罪的，处 5 年以下监禁。

第 277 条　非法处置危险物质和废品

一、违反环境保护法律，非法处置、处理、储存、运输、出口或进口危险物质或可能引起任何人死亡或严重伤害的废品，并因此对空气、土壤、水质、动物、植物或财产的品质造成实质性损害的，处罚金或 1 年以上 3 年以下监禁。

二、违反环境保护法律，非法处置、处理、储存、运输、出口或进口放射性物质或能引起任何人死亡或严重身体伤害的废品，并因此对空气、土壤、水质、动物、植物或财产造成实质性损害后果的，处罚金或1年以上5年以下监禁。

三、过失犯本条第1款及第2款之罪的，犯本条第1款之罪的，处罚金或1年以下监禁；犯本条第2款之罪的，处罚金或处2年以下监禁。

四、犯本条之罪，并因此而导致任何人死亡或身体受重伤的，对财产、动物、植物造成损害的，使空气、水源、土壤质量恶化的，犯本条第1款及第2款之罪的，处罚金并处1年以上12年以下监禁；犯本条第3款之罪的，处罚金并处1年以上8年以下监禁。

第278条　非法操作危险设施

一、违反环境保护法律，操作或经营从事危险业务的工厂或设施，并因此而极有可能造成他人死亡或严重身体伤害的，对空气、土壤、水源质量造成严重损坏的，对动物、植物或财产造成损坏的，处罚金或3年以下监禁。

二、过失犯本条第1款之罪的，处罚金或处1年以下监禁。

第279条　生产、销售和使有害于治疗动物疾病的制品在市场上流通

一、以销售或使治疗、预防动物或禽类疾病的制品在市场上流通为目的，生产该制品，但该制品却对动物或禽类的生命、健康有害的，处罚金或1年以下监禁。

二、犯本条第1款之罪，并因此而导致了大量动物死亡的，处3个月以上3年以下监禁。

三、过失犯本条第1款及第2款之罪的，处罚金或6个月以下监禁。

第280条 提供不负责任兽医援助

一、兽医或被授权的兽医助理人员，在提供兽医援助时，指定或提供明显不合适的药品或明显不正确的治疗方法，或者总体而言，在治疗过程中违反了兽医执业规则，并因此造成动物患病、疾病恶化或者死亡的，处1年以下监禁。

二、过失犯本条第1款之罪的，处罚金或6个月以下监禁。

第281条 未遵守防止动物、植物疾病命令

一、在可能危及家禽繁殖的流行病发作期，不遵守主管机关依据有关阻止或预防疾病法律所发布的命令或决定的，处罚金并处1年以下监禁。

二、在植物遭受疾病或害虫危害期间，不遵守主管机关颁布的阻止或预防疾病或害虫措施的命令或决定的，依照本条第1款之规定处罚。

三、犯本条第1款及第2款之罪，并因此而导致了重大损失的，应处罚金或3年以下监禁。

四、过失犯本条第1款及第2款之罪的，处罚金或1年以下监禁。

第282条 污染用于饲养动物的食物和水源

一、使用有害物质，污染饲养动物所使用的食物和饮用水，或者污染河流、小溪、泉水、水井、水塘或其他用于饲养家畜、鸟类或野生动物的水源，并因此而危及动物生命或健康的，处罚金或1年以下监禁。

二、使用有害物质，污染鱼塘、湖泊、河流、小溪，并因此而危及水中动物生存的，依本条第1款之规定处罚。

三、犯本条第1款及第2款之罪，并因此而导致了大量动物死亡，损失价值超过 1 万欧元的，处 3 个月以上 3 年以下监禁。

第 283 条　使用有害物质毁灭植物

使用有害物质，造成树苗、树木或其他植物毁灭，并因此而造成大量损失的，处罚金或 2 年以下监禁。

第 284 条　毁灭森林

一、违反法律或主管机关的命令，砍伐、破坏森林，或以其他任何方法毁灭森林的，处罚金或 2 年以下监禁。

二、犯本条第 1 款之罪，且以被保护林、被保护公园或任何其他有特殊用途的森林为犯罪对象的，处罚金或 3 年以下监禁。

第 285 条　森林盗窃

一、以盗窃为目的砍伐森林树木，并且所砍伐木材的数量超过 2 立方米的，处罚金或 1 年以下监禁。

二、以销售已被砍倒的木材为目的而实施本条第 1 款之盗窃行为，或者已被砍倒的木材数量超过 5 立方米，或者在保护林、被保护公园或其他有特殊用途的森林内实施的，处罚金或 3 个月以上 5 年以下监禁。

三、本条第 1 款之罪，处罚未遂。

第 286 条　非法狩猎

一、未经允许或其他授权，狩猎、杀死或用陷阱活捉野生动物的，处罚金或 6 个月以下监禁。

二、犯本条第 1 款之罪，且其猎物之价值超过 1 万欧元的，或根据狩猎法规，该猎物具有一定重要性，在禁猎期狩猎或者成批狩猎的，处罚金或 2 年以下监禁。

三、猎捕禁止猎捕的濒危或稀有种类动物的，或者没有捕猎特定种类动物许可而捕猎这些种类动物的，或者使用大规模灭绝方法、使用机动车辆或借助强烈灯光猎捕的，处罚金或 3 个月以上3年以下监禁。

四、野生动物和狩猎设施应当予以没收。

第287条　销售或从科索沃转移狩猎所得的野生动物纪念品

一、非法销售或从科索沃转移狩猎所得的野生动物纪念品的，处罚金或2年以下监禁。

二、非法销售或转移通过实施本法第286条第1款至第3款之罪而捕获的野生动物纪念品的，处罚金或3年以下监禁。

三、狩猎所得的野生动物纪念品应当予以没收。

第288条　非法捕鱼

一、使用炸药、电、毒害品或麻醉性物质捕鱼，或以其他有害于鱼类繁殖的方式捕鱼，并因此而造成大量鱼类死亡的，处罚金或1年以下监禁。

二、所捕获的鱼和捕鱼设施应当予以没收。

第289条　损坏或毁灭或未经授权从科索沃转移受保护的遗迹或物品

一、损坏或毁灭受保护的文化、历史、宗教、科学或自然遗迹或物品的，处2年以下监禁。

二、犯本条第1款之罪，且其犯罪对象是具有特殊价值的受保护文化、历史、宗教、科学或自然遗迹或物品的，或造成严重损坏的，处3年以下监禁。

三、未经主管机关授权，违反国际法从科索沃转移受保护的文化、历史、宗教、科学或自然遗迹或物品的，处1年以下监禁。

四、犯本条第3款之罪，且其犯罪对象是受保护的文化、历史、宗教、科学或自然遗迹或具有特殊意义的物品的，处3年以下监禁。

五、就本条而言，“受保护的文化、历史、宗教、科学或自然遗迹或物品”是指以财产形式存在的用于宗教服务的宗教社区崇拜的对象、墓碑、公共纪念碑、自然遗迹、公共收藏或展览的艺术、科学、工艺品，服务于公众需要或装饰公路、广场或公园的物体，自然珍奇或濒危种类的动物或植物。

第 290 条　盗用和私自对文化遗迹进行作业

一、未经主管机关的适当授权，对文化遗迹进行保护、修补或研究作业，或者不顾禁令或未经主管部门的授权，进行考古挖掘或研究并因而摧毁或严重破坏文化遗迹或其特色的，处罚金或 2 年以下监禁。

二、犯本条第 1 款之罪，且其犯罪对象是具有特殊价值或重要性，或造成了巨大破坏的，处 6 个月以上 3 年以下监禁。

三、在考古或其他研究过程中，占有或拿走已经被挖掘出或以其他方式发现的具有文化遗迹性质的物品的，依本条第 2 款之规定处罚。

第二十五章　侵犯人身财产普遍安全的刑事犯罪

第 291 条　造成普遍危险

一、通过使用放火、水灾、武器、爆炸物、毒药或毒气、电离辐射、电力机械、电力或其他任何类型的能量对人类生命或具有重要价值的财产造成巨大损害的，处 3 个月以上 3 年以下监禁。

二、官方人员或负责人，违背其工作场所职责规定，不安装防火、防水、防爆、防毒物或有毒气体、防电离辐射、防电力机械、防电或防其他任何能源的设施，或未能保持这些设施正常状态，或未将这些设施投入使用，或总体而言，未能遵守有关保护措施的技术规定，并因此而对人类生命或具有重大价值的财产造成巨大损失的，依本条第 1 款之规定处罚。

三、在大量人群聚集处犯本条第 1 款及第 2 款之罪的，处 6 个月以上 5 年以下监禁。

四、过失犯本条第 1 款及第 2 款之罪的，处罚金或 1 年以下监禁。

五、犯本条第 1 款及第 2 款之罪，并因此而导致他人身体受重伤或严重物质损失的，处 1 年以上 8 年以下监禁；如果导致 1 人或多人死亡的，处 1 年以上 12 年以下监禁。

六、犯本条第 4 款之罪，并因此而导致他人身体受重伤或严重物质损失的，处 5 年以下监禁；如果导致了 1 人或多人死亡的，处 1 年以上 8 年以下监禁。

第 292 条　摧毁、破坏或拆除公共设施

一、毁灭、破坏或拆除电力、气、水、供热、通讯、污水、环保设备或设施，或者管道、水下电缆、大坝或其他类似设备，并因此而造成对居民的供应服务或经济秩序紊乱的，处 5 年以下监禁。

二、过失犯本条第 1 款之罪的，处罚金或 1 年以下监禁。

三、犯本条第 1 款之罪，并因此而导致他人身体受重伤或重大物质损失的，处 1 年以上 10 年以下监禁；如果该行为造成了 1 人或多人死亡的，处 1 年以上 12 年以下监禁。

四、犯本条第 2 款之罪，并因此而导致他人身体受重伤或重大物质损失的，处5年以下监禁；如果该行为造成了1人或多人死亡的，处1年以上8年以下监禁。

第293条　毁灭、破坏或拆除安全设施

一、在矿山、工厂、车间或其他工作场所毁灭、破坏或拆除安全设施，并因此而危及人类生命或重要价值财产的，处1年以上8年以下监禁。

二、矿山、工厂、车间或其他工作场所的负责人违反其工作场所的职责规定，未安装安全设施或维持正常工作状态，必要时未投入使用，或不遵守安全措施条例或技术规定，并因此而对人类生命或重要财产造成巨大危险的，处3个月以上5年以下监禁。

三、过失犯本条第1款及第2款之罪的，处3年以下监禁。

四、法庭对本条第1款及第2款之罪判处缓刑时，法庭可以责令犯罪人在限定的具体时间内安装安全设施的条件。

五、犯本条第1款及第2款之罪，并因此而导致他人身体重伤或重大物质损失的，处1年以上8年以下监禁；如果该行为造成了1人或多人死亡的，处1年以上12年以下监禁。

六、犯本条第3款之罪，并因此而导致他人身体受重伤或重大物质损失的，处5年以下监禁；如果该行为造成了1人或多人死亡的，处1年以上8年以下监禁。

第294条　非法建设工作

一、负责人在设计、监督或执行任何建筑或建设工作中，违反法律、一般公认专业标准或建设许可条款，并因此而危及人们生命、身体或重要财产的，处3个月以上5年以下监禁。

二、过失犯本条第1款之罪的，处罚金或3年以下监禁。

三、犯本条第1款之罪，并因此而导致他人身体受重伤或重大物质损失的，处1年以上10年以下监禁；如果该行为造成了1

人或多人死亡的，处 1 年以上 12 年以下监禁。

四、犯本条第 2 款之罪，并因此而导致了他人身体受重伤或重大物质损失的，处 5 年以下监禁；如果该行为造成了 1 人或多人死亡的，处 1 年以上 8 年以下监禁。

第 295 条　非法运输爆炸、易燃物品

违反关于爆炸、易燃物品流通的法律，将爆炸、易燃物品通过公共交通工具进行运输或自己通过公共交通工具运输这些物品的，处罚金或 1 年以下监禁。

第 296 条　疏于避险

一、采取相关措施并不会使自己或他人承受任何危险，但却不及时向有关当局报告，或未采取有效措施以消除火灾、洪水、爆炸、交通事故，或其他严重危及公众生命健康或财产安全的危险的，处 1 年以下监禁。

二、劝阻或以其他方式阻止他人采取措施以消除火灾、洪水、爆炸、交通事故，或其他严重危及公众生命健康或财产安全的危险的，处 3 个月以上 3 年以下监禁。

第二十六章　侵犯公共交通安全的刑事犯罪

第 297 条　危及公共交通安全

一、违反公共交通法律危及公共交通、人类生命或大规模财产安全，并因此而造成他人轻微身体伤害或物质损失超过 1.5 万欧元的，处罚金或5年以下监禁。

二、危及铁路、水、有轨电车、无轨电车、公共汽车、缆车，并因此而危及人类生命、身体健康或大规模财产安全的，处5年以下监禁。

三、过失犯本条第1款或第2款之罪的，处罚金或2年以下监禁。

四、犯本条第1款及第2款之罪，并因此而导致他人身体重伤或重大物质损失的，处6个月以上5年以下监禁；如果该行为造成了1人或多人死亡的，处1年以上监禁。

五、犯本条第3款之罪，并因此而导致他人身体重伤或重大物质损失的，处5年以下监禁；如果该行为造成了1人或多人死亡的，处1年以上8年以下监禁。

第298条　醉酒危及公共交通安全

一、在因饮用酒精或其他致醉物质而醉酒，并驾驶机动车辆，且明显不能安全驾驶，并因此而危及公共交通、人类生命、身体健康或大规模财产安全的，处3年以下监禁。

二、过失犯本条第1款之罪的，处1年以下监禁。

三、犯本条第1款之罪，并因此而导致他人身体受重伤或重大物质损失的，处6个月以上5年以下监禁；如果该行为造成了1人或多人死亡的，处1年以上监禁。

四、犯本条第2款之罪，并因此而导致了他人身体重伤或重大物质损失的，处6个月以上5年以下监禁；如果该行为造成了1人或多人死亡的，处1年以上8年以下监禁。

第299条　实施危险行为或手段危及公共安全

一、毁坏、拆除或严重破坏用于保障交通安全的设备、设施、标志或信号，或者给予错误信号或标志，或在公共道路设置障碍或以任何其他方式危及交通安全，并因此而危及人类生命、身体健康或大规模财产安全的，处3年以下监禁。

二、过失犯本条第1款之罪的，处罚金或1年以下监禁。

三、犯本条第1款之罪，并因此而导致了他人身体重伤或重大物质损失的，处6个月以上5年以下监禁；如果该行为造成了1人或多人死亡的，处1年以上监禁。

四、犯本条第2款之罪，并因此而导致他人身体重伤或重大物质损失的，处6个月以上5年以下监禁；如果该行为造成了1人或多人死亡的，处1年以上8年以下监禁。

第300条　懈怠交通监管职责

一、受委托监管交通主干道及其设施，以及交通工具或公共交通工具的运行状况及其养护工作的责任人员，或监管驾驶员规定工作条件的落实情况的责任人员，或受委托管理运输的责任人员，不谨慎执行其职责，并因此而导致严重危及公民生命健康或财产安全的危险的，处罚金或6个月以上5年以下监禁。

二、相关责任人员，若明知驾驶员由于疲劳、疾病、眩晕或其他原因，不能安全驾驶车辆，或机动车存在某种故障，但仍然命令其继续驾驶，或准许其继续驾驶，并因此而导致严重危及公民生命健康或财产安全的危险的，依照本条第1款之规定处罚。

三、被委托监管道路状况和维修、道路物体、交通工具、决定驾驶员工作条件的完成的负责人或被委托驾驶管理的负责人，由于不负责任履行自身职责危及人类生命、身体健康或大规模财产的，处5年以下监禁。

四、负责人明知驾驶员由于疲劳、疾病、醉酒或其他原因不能安全驾驶或者汽车状况不合适，却命令其驾驶或允许其驾驶，因而危及人类生命、健康安全或大规模财产的应当依照本条第1

款规定处罚。

五、过失犯本条第1款或第2款之罪的，处罚金或3年以下监禁。

六、犯本条第1款及第2款之罪导致他人身体受重伤或重大物质损失的，处6个月以上5年以下监禁；如果该行为造成了1人或多人死亡的，处1年以下监禁。

七、犯本条第3款之罪导致他人身体受重伤或重大物质损失的，处6个月以上5年以下监禁；如果该行为造成了1人或多人死亡的，处1年以上8年以下监禁。

第301条　拒绝对交通事故受伤者提供帮助

一、汽车或其他交通工具的驾驶员对因该交通工具受伤的人员拒绝提供帮助，或受到的伤害是由该司机造成的，处1年以下监禁。

二、当本条第1款之罪造成了该人严重身体伤害或死亡的，处3个月以上5年以下监禁。

第302条　滥用交通信号

恶意或不必要发送国际通用求救或危险信号，或者通过使用交通信号造成没有危险的诈骗，或者滥用国际公认通讯信号的，应当判处3个月以上3年以下监禁。

第二十七章　侵犯司法管理的刑事犯罪

第303条　未报告刑事犯罪预备

一、明知预备实施应受5年以上监禁的刑事犯罪，而在仍可避免该犯罪实施的情况下没有及时报告事实，并且该犯罪得以实施或企图实施的，处罚金或1年以下监禁。

二、对实施应判长期监禁处罚之犯罪的预备未进行举报的，应当判处3个月以上3年以下监禁。

三、一个人如果与犯罪的行为人系配偶、婚外伙伴、直系血亲、兄弟姐妹、养父母或养子女及其配偶或同居伙伴关系，则对本条第1款之罪不负刑事责任。

第304条　未举报刑事犯罪或犯罪人

一、明知应判长期监禁刑的刑事犯罪人的身份或有此种犯罪发生，即使知道该犯罪人或犯罪依靠举报才能发现，但却没有举报这种事实的，处3年以下监禁。

二、官方人员或负责人未报告其在履行职责中发现的犯罪的，如果此罪应处3年以上监禁，且应提起公诉之罪的，依本条第1款之规定处罚。

三、一个人如果与犯罪的行为人系配偶、婚外伙伴、直系血亲、兄弟姐妹、养父母或养子女及其配偶或同居伙伴关系，则对本条第1款之罪不负刑事责任。

第 305 条 实施刑事犯罪的对行为人提供帮助

一、窝藏依照职责起诉的刑事犯罪的行为人，或者通过隐藏工具、证据或以任何其他方式帮助行为人逃避被发现的，或者窝藏罪犯或采取步骤阻止刑罚、强制治疗命令的，处 1 年以下监禁。

二、帮助应当判处 5 年以上监禁的犯罪的行为人的，应当判处 6 个月以上 5 年以下监禁。

三、帮助应当受到长期监禁的犯罪的行为人的，应当判处 1 年以上 10 年以下监禁。

四、本条第 1 款规定的处罚无论在方法或程度上都不应当重于对被提供帮助和实施犯罪人的规定刑罚。

五、一个人如果与刑事犯罪的行为人系配偶、婚外伙伴、直系血亲、兄弟姐妹、养父母或养子女及其配偶或同居伙伴关系，则对本条之罪不负刑事责任。

第 306 条 虚假举报

一、明知某人不是行为人却举报该人实施了某种应被提起公诉之罪的，处 3 个月以上 3 年以下监禁。

二、提供虚假证据或通过其他方式导致该人因涉嫌应被提起公诉之罪而被提起刑事诉讼的，依本条第 1 款之规定处罚。

三、举报自己实施了应被提起公诉之罪，即使本人并未实施此罪行的，也应处罚金或 3 个月以上监禁。

四、明知没有应被提起公诉之罪发生，而进行该罪举报的，依照本条第 3 款之规定处罚。

第 307 条 虚假陈述

一、证人、专家证人、笔译或口译者在法庭诉讼、轻微犯罪诉讼、公证前行政诉讼或惩戒诉讼中提供虚假陈述的，处罚金或

1年以下监禁。

二、如果虚假陈述在诉讼中对于终审具有根本作用，则应当判处3个月以上3年以下监禁。

三、如果本条第1款规定的罪行导致被控告人的严重后果，则应当判处1年以上5年以下监禁。

四、如果本条第1款之罪的行为人在终审判决下达前自愿撤销其陈述，则法庭可以免除对其处罚。

第308条　合作证人虚假陈述

一、合作证人在任何相关部分提供虚假证词，或对公共检察官、警方、预审法官、法庭听证或主审故意忽略完整事实的，处3个月以上5年以下监禁。

二、实施本条第1款之罪，又随后撤回该证词并且在其陈述结束前真实作证的，应当判处最高达500欧元的罚金或3个月以下监禁，或者如果有减轻情节法庭可以免除其刑罚。

第309条　妨碍证据

一、通过使用暴力，以暴力相威胁或任何其他强迫方式或承诺给予礼品或任何其他形式的利益引诱证人或专家在法庭诉讼、轻微犯罪诉讼、行政诉讼、公证诉讼或纪律诉讼中出具虚假陈述的，处6个月以上5年以下监禁。

二、为了阻止或妨碍收集证据，隐藏、毁灭、破坏可以作为证据的他人财产或文件，或使之全部或部分不能使用的，处罚金或3年以下监禁。

三、为了阻止或妨碍法庭诉讼或行政诉讼收集证据，拆除、修改或转移任何边界标志、土地标志或用于标志所有权、不动产或水使用权的其他任何标志的；或者为了同样的目的，以某种误导他人的方式放置这些标志的，依本条第1款之规定处罚。

第 310 条 对有组织犯罪刑事诉讼过程中的恐吓

使用暴力、以暴力相威胁或任何其他强迫方式，承诺给予礼品或任何其他形式的好处，引诱他人拒绝陈述或提供虚假陈述或不向警方提供真实信息，当上述陈述或信息牵涉本法第 274 条的有组织犯罪的，处 12.5 万欧元的罚金并处 4 年以上 7 年以下监禁。

第 311 条 侵犯诉讼秘密

未经授权，泄露根据法律规定严禁泄露或根据法庭或主管机关决定已经宣布为秘密的法庭诉讼、轻微犯罪诉讼、行政诉讼或科索沃议会的国会调查诉讼中的相关信息的，处罚金或 1 年以下监禁。

第 312 条 被剥夺自由者暴动

一、因被依法剥夺自由命令而被拘留的人员，意图使用暴力使其重获自由或为了共同攻击在此机构中工作的官方人员，或者通过使用暴力或以使用暴力严重威胁强迫这些官方人员违反其职责去实施或阻止实施某种行为，组织被剥夺自由人员暴动的，处 6 个月以上 3 年以下监禁。

二、犯本条第 1 款之罪的参加者，处 3 个月以上 1 年以下监禁。

三、犯本条第 1 款及第 2 款之罪，在实施暴力或严重威胁前自动退出犯罪的，法庭可免除其处罚。

四、使用暴力犯本条第 1 款及第 2 款之罪的，处 6 个月以上 5 年以下监禁。

第 313 条 被剥夺自由者逃脱

通过使用暴力或威胁立即攻击任何人的生命或身体，并因此而从监狱或拘留所逃脱的，处 3 个月以上 5 年以下监禁。

第 314 条　帮助被剥夺自由者逃脱

一、通过使用暴力，以暴力相威胁、欺骗或以任何其他方式帮助依法被剥夺自由者逃脱的，应当判处 3 个月以上 5 年以下监禁。

二、以 1 人以上的共同犯罪形式，犯本条第 1 款之罪的，处 1 年以上 8 年以下监禁。

第 315 条　非法帮助执行职业、活动或职责

明知生效判决中的附加刑禁止某人从事某种职业、活动或职责，而促使其能够行使该种职业、活动或职责的，处 3 个月以上 3 年以下监禁。

第二十八章　侵犯公共秩序和合法交易的刑事犯罪

第 316 条　妨碍官方人员执行公务

一、通过暴力或威胁立即使用暴力妨碍官方人员在授权范围内执行职责，或者通过同样方式，强迫其执行官方职责的，处 3 个月以上 3 年以下监禁。

二、以侮辱或谩骂官方人员或威胁使用武器之方式，犯本条第 1 款之罪，或犯本条第 1 款之罪时导致他人轻微身体伤害的，处 6 个月以上 3 年以下监禁。

三、针对正在执行维护公共安全、科索沃安全、公共秩序或抓捕刑事犯罪的行为人或监护剥夺自由权的官方人员，犯本条第

1 款及第 2 款之罪的，处 3 个月以上 5 年以下监禁。

四、本条第 1 款及第 2 款之罪，处罚未遂。

五、由于官方人员的非法或凶暴行为而引发行为人犯本条第 1 款至第 3 款之罪的，法庭可以对其免除处罚。

第 317 条　攻击执行职责的官方人员

一、攻击或严重威胁攻击官方人员或帮助执行与公共安全、科索沃安全或维持公共秩序有关的职责的人员的，处 3 个月以上 3 年以下监禁。

二、犯本条第 1 款之罪，并因此而造成官方人员或其助手轻伤的，或者在犯罪中威胁使用武器的，处 6 个月以上 5 年以下监禁。

三、犯本条第 1 款之罪，并因此而造成官方人员或其助手重伤的，处 1 年以上 10 年以下监禁。

四、由于官方人员或其助手的非法或凶暴行为而引发行为人犯本条第 1 款至第 3 款之罪的，法庭可以对其免除处罚。

第 318 条　集体妨碍官方人员履行官方职责

一、参加某一群体，通过共同行为妨碍或企图妨碍官方人员履行职责，或以类似方式强迫其履行官方职责的，处罚金或 3 年以下监禁。

二、犯本条第 1 款之罪，该群体的领导人，处 1 年以上 5 年以下监禁。

第 319 条　号召反抗

号召他人通过使用暴力或严重威胁阻止执行由主管机关或执行官方职责的官方人员签发的合法决定或措施的，处 3 年以下监禁。

第 320 条　参加犯罪群体

一、参加聚集的人群，通过实施集体行动剥夺他人生命、造成他人身体重伤、引起普遍危险，大规模破坏财产、实施其他严重暴力犯罪或企图实施此类犯罪的，处 3 个月以上 5 年以下监禁。

二、犯本条第 1 款之罪，该群体的组织人，处 1 年以上 10 年以下监禁。

第 321 条　未参加抗击公共危险

违背主管机关的命令，无合理理由拒绝参加抗击危及人类生命或大规模财产的公共危险的，处罚金或 3 个月以下监禁。

第 322 条　消除或破坏官方印章或标志

一、消除或破坏被授权官员为了保护某物体或房屋而粘贴的官方印章或标志的，或者虽没有消除或毁灭印章或标志，但拆开受此保护的物体或进入此房屋的，处 3 个月以上 3 年以下监禁。

二、本条第 1 款之罪，处罚未遂。

第 323 条　拿走或毁灭官方印章或公文罪

非法拿走、隐藏、毁灭、破坏属于或由公共实体、执行公共授权的其他法人所拥有的官方印章、书籍、文献或公文，或以其他任何方式导致上述官方印章、书籍、文献或公文不能使用的，处罚金或 3 年以下监禁。

第 324 条　毁灭或隐藏档案资料

毁灭、隐藏或使档案资料不能使用的，或者未经主管机关事先允许，将此类档案资料从科索沃转移出去的，处 3 年以下监禁。

第 325 条　冒名顶替

一、意图给自己或他人谋取物质利益或给他人造成损失，假称自己是官方人员或军事人员的，或未经授权，佩带官方或军事人员徽章的，处罚金或1年以下监禁。

二、实施任何只有特定官方或军事人员被授权才能实施的行为的，依本条第1款之规定处罚。

第326条 随意行使权利

一、随意行使他或她相信属于自己的权利而不提交主管机构的，处罚金或6个月以下监禁。

二、不请示主管机构，擅自通过使用暴力或以暴力相威胁，行使其相信属于自己的权利，处2年以下监禁。

三、作为某一集团成员犯本条第2款之罪的，处6个月以上3年以下监禁。

四、犯本条第1款之罪的，须以自诉方式提起诉讼；犯本条第2款及第3款之罪的，须依被害人之建议而提起公诉。

第327条 私自供应、运输、生产、交易或销售武器

一、未经授权供应、运输、生产、交易或销售武器的，处7500欧元的罚金，或1年以上8年以下监禁。

二、犯本条第1款及第2款之罪，且涉及大量武器的，处1年以上10年以下监禁。

三、武器应当予以没收。

第328条 私自拥有、控制、持有或使用武器

一、以威胁、恐吓或其他未经授权的方式使用或挥舞武器，或者指挥他人采取同样行为的，处1000欧元罚金，或1年以上10年以下监禁。

二、没有有效武器授权证明而拥有、控制、持有或使用武器的，处7500欧元罚金或1年以上8年以下监禁。

三、犯本条第1款之罪，且涉及大量武器的，处1年以上10年以下监禁。

四、未通知 UNMIK 警察关于被授权武器的拥有、持有或控制的任何变化的，处 1 年以上 10 年以下监禁。

五、未授权的武器，或使用或持有的被授权武器与武器授权卡的期限或状况有任何不一致的，应当予以没收。

第 329 条　不遵守武器授权要求

一、在申请武器授权卡的任何阶段口头或书面提供任何虚假信息的，或者生产、持有、销售或购买虚假武器授权卡的，处 5000 欧元罚金或 3 年以下监禁。

二、武器授权卡的持有人未按照要求立即向警察或 KFOR 提供授权武器的，或者如果并未持有武器，但却没有通知警方武器所在位置的，处 2500 欧元罚金或 3 个月以下监禁。

三、武器授权卡的持有人没有在 15 天之内通知 UNMIK 警察其住所任何变化情况的，处 2500 欧元罚金或 3 个月以下监禁。

第 330 条　制造或获取用于犯罪的武器或器材

一、制造、获取或使他人获得明知是用于犯罪的武器、毒药以及生产武器、毒药的必要装备的，应当判处 3 个月以上 5 年以下监禁。

二、明知用于实施刑事犯罪，制造、获取或者使他人可能得到假钥匙、撬锁器或用于盗窃的其他器具的，处 1 年以下监禁。

第 331 条　滥用求救或危险信号

为使官方人员或消防员采取行动而滥用求救或危险信号或在毫无根据的情况下要求上述人员提供帮助的，处罚金或 6 个月以下监禁。

第 332 条　伪造公文

一、以将伪造或变造的文件作为真品而使用为目的，伪造或变造文件的，或将虚假或变造的文件作为真品使用的，处罚金或

1 年以下监禁。

二、本条第 1 款之罪，处罚未遂。

三、伪造或变造公共公文、遗嘱、汇票、公共或官方档案或依据法律存放的其他档案的，处罚金或 3 年以下监禁。

第 333 条　伪造公文的特例

如果某人有下列行为之一应当被视为实施了伪造公文罪，应当依照本法第 332 条第 3 款处罚：

1. 未经授权，在他人已经签名的某些文件、表格，或其他物品上，填写对于确定法律关系具有重要影响作用的陈述的；

2. 在某文件内容方面欺骗他人，意图使该人在该文件上签名时，误认为自己是在其他文件或在具有其他内容的文件上签名的；

3. 未经他人授权，以他人之名义，或以并不存在的人之名义签发文件的；

4. 行为人不具有对文件的证明效力有巨大影响作用的职务、头衔或身份，而在签发文件时，注明上述职务、头衔或身份的；以及

5. 未经授权，在签发文件时，以上述方式使用真实印戳或标志的。

第 334 条　虚假内容合法化

一、在公共文件、登记或书籍中，误导主管部门证明作为法律证据的某虚假事实具有真实性的，应当判处 3 个月以上 5 年以下监禁。

二、明知存在虚假内容而使用此文件、登记或书籍，依本条第 1 款之规定处罚。

第 335 条　配发或使用虚假医生或兽医证明

一、医生或兽医，配发虚假的医生或兽医执照的，处罚金或 3 年以下监禁。

二、将虚假的医生或兽医执照作为真品使用的，依照本条第 1 款之规定处罚。

第 336 条　非法提供法律服务

一、未经授权或没有法律要求的职业资格，为了报酬而提供法律服务的，处罚金或 1 年以下监禁。

二、假装具有职业资格而犯本条第 1 款之罪的，处罚金或 2 年以下监禁。

第 337 条　破坏宗教仪式

一、没有合法原因故意破坏、阻止宗教仪式举行的，处罚金或 1 年以下监禁。

二、使用暴力或以使用暴力相严重威胁犯本条第 1 款之罪的，处 3 个月以上 3 年以下监禁。

第 338 条　破坏坟墓或尸体

一、未经授权挖掘、毁掉、破坏或侵犯坟墓或其他埋葬地的，处罚金或 1 年以下监禁。

二、未经授权挖掘、拆除、破坏或隐藏尸体或尸体部位或死者骨灰的，处罚金或 3 年以下监禁。

第二十九章 侵犯官方职责的刑事犯罪

第 339 条 滥用官方职位或权力

一、官方人员为了给本人、他人或商业机构获取非法物质利益或者为给他人或商业机构造成损失为目的，滥用其官方职责，超出其授权范围，或不履行其官方职责的，处 1 年以下监禁。

二、犯本条第 1 款之罪，并因此而导致超过 2500 欧元的损失或者严重侵害他人权利的，处 3 年以下监禁。

三、犯本条第 1 款之罪，并因此而导致超过 5000 欧元的损失的，处 1 年以上 8 年以下监禁。

第 340 条 职务侵占

一、官方人员为了给自己或他人谋取非法物质利益，侵占由于其在公共实体或法人中的职责、职位而委托其代为保管的金钱、证券或其他动产的，处 6 个月以上 5 年以下监禁。

二、犯本条第 1 款之罪，并因此而导致超过 2500 欧元的损失或者严重侵害他人权利的，处 1 年以上 5 年以下监禁。

三、犯本条第 1 款之罪，并因此而导致超过 5000 欧元的损失的，处 1 年以上 10 年以下监禁。

第 341 条 职务欺诈

一、官方人员为了给自己或他人谋取非法物质利益，通过提供账户虚假报告或以其他任何方式欺骗授权人员作出非法支付的，处罚金或 5 年以下监禁。

二、犯本条第1款之罪，并因此而导致超过2500欧元的损失或者严重侵害他人权利的，处1年以上5年以下监禁。

三、犯本条第1款之罪，并因此而导致超过5000欧元的损失的，处1年以上10年以下监禁。

第342条　职务自用

官方人员或公职人员未经授权，利用职权，自行使用其所托管的金钱、证券或其他可移动物品的，或未经授权将上述物品交由他人使用的，处罚金或3年以下监禁。

第343条　受　　贿

一、官方人员为自己或他人索取或接受礼品或其他利益，或者接受礼品或其他利益承诺，在其职责范围内履行不应当履行的官方或其他行为，或者没有履行其应当履行的官方或其他行为的，处6个月以上5年以下监禁。

二、官方人员为自己或他人索取或接受礼品或其他利益，或者接受礼物或其他利益承诺，在其职责范围内履行应当履行的官方或其他行为，或者没有履行其不可以履行的官方或其他行为的，处3个月以上3年以下监禁。

三、官方人员实施了本条第1款及第2款规定的作为或不作为之后，为了自己或与此作为或不作为有关的他人而索取礼品或其他利益的，处罚金或1年以下监禁。

四、接受的礼品或其他利益应当予以没收。

第344条　行　　贿

一、给予或承诺给予官方人员以礼品或其他利益，以致此人在其官方授权范围内实施官方人员不应当实施的官方或其他行为，或者未能实施其应当实施的官方或其他行为，或者在贿赂官方人员时进行中介斡旋贿赂的，处3个月以上3年以下监禁。

二、给予或承诺给予官方人员以礼品或其他利益，以致该人在其官方授权范围内实施官方人员应当实施的官方或其他行为，或者未能实施其不可以实施的官方或其他行为，或者在贿赂官方人员时进行中介斡旋贿赂的，处罚金或1年以下监禁。

三、犯本条第1款及第2款之罪者，系因官方人员的索要而给予贿赂，并且在该行为被发现前或者知道该行为被发现前进行了报告，则法庭可对其免除处罚。

四、该礼品或其他利益应当予以没收，或在本条第3款情形下，应当归还给予者。

第345条　影响力交易

一、为了本人或他人利益，对作出决定施加不当影响的官方人员许诺报答，要求、接收或接受提供或承诺任何不当好处的，不论该影响是否实现，也不论该期望的影响是否导致了意图的结果，处罚金或2年以下监禁。

二、承诺、提供或直接或间接给予他人不当利益，并声称或坚持认为其能够对官方人员作出决定产生不当影响的，不论该影响是否实现，也不论该期待的影响是否造成了打算的结果的，处罚金或1年以下监禁。

第346条　签发非法司法决定

法官、陪审员或轻微犯罪法庭法官，以给自己或他人谋取非法物质利益或给他人造成损失为目的，签发非法决定的，处6个月以上5年以下监禁。

第347条　泄露官方秘密

一、官方人员未经授权，联络、发送或以其他方式使他人能够得到包含官方秘密的信息，或企图将此信息传递给无权获取该信息的人员的，处3年以下监禁。

二、犯本条第1款之罪，以为个人谋取利益为目的，或是在科索沃以外出版或使用该信息的，处1年以上5年以下监禁。

三、过失犯本条第1款之罪的，处1年以下监禁。

四、本条第1款至第3款之规定，适用于在其官方职责停止后泄露官方秘密的情形。

五、就本条而言，“官方秘密”是指法律、其他条款规定的属于官方秘密的信息或文件，或主管机构基于法律签发的属于官方秘密的决定，这些信息、文件或决定的泄露已经导致或可能导致危害结果。

第348条　伪造官方文件

一、官方人员或负责人，在官方或商业证件、官方登记或档案中，填写虚假信息或未能填写基本信息的，或使用其签名或官方印章，证实含有虚假数据的官方或商业证件，官方登记或档案的，或者汇编整理包含虚假内容的此种证件、登记或档案的，处3个月以上3年以下监禁。

二、官方人员或负责人，把虚假官方或商业证件，官方登记或档案，在他或她的职责或商业活动中当做真品使用的，或者毁灭、隐藏、破坏或以任何其他方式，造成官方或商业证件，官方登记或档案不能使用的，依本条第1款之规定处罚。

第349条　非法收缴和支付

官方人员或负责人向他人收取其无义务支付之款项的，或向他人收取超过其应支付金额之款项的，或在自己支付相关款项或上交相关物品时，所支付的款项或上交的物品低于其应承担之义务要求的，处罚金或1年以下监禁。

第350条　非法释放被剥夺自由的人

官方人员非法释放委托其关押的被依法剥夺自由的人员的，

或帮助上述人员逃跑或使该人员为了实现脱逃之目的而进行非法联系或通信的，处3个月以上5年以下监禁。

第351条　在搜查或执行法庭决定过程中非法占有财产

官方人员在搜查住宅、人身或执行法庭决定过程中，以给自己或他人谋取非法物质利益为目的，拿走动产的，处6个月以上5年以下监禁。

第三十章　过渡和最终条款

第352条

涉及社会所有的财产犯罪应当单独立法。

第353条

根据本法典仍旧构成刑事犯罪，并且在本法典生效前已进行了终审判决的行为的所有刑事裁决，应当按照相同期限和相同幅度继续进行。

第354条

一、UNMIK规定和行政命令中包含本法典规定内容的条款应当在本法典生效时予以废止，除非本法典或UNMIK规定中另有明确规定。

二、自本法典生效之日起，适用刑法典的条款应当予以废止。

第355条

联合国秘书长特别代表可以为本法典的实施签署行政命令。

第356条 本法典英语、阿尔巴尼亚语和塞尔维亚语三个语言版本具有同等法律效力。如有冲突，以英语版本为准。

第357条 本法典自2004年4月6日生效。